★★★ 全国职业院校财经专业核心教材

编 著　赵 雯　王欣然
主 审　高 卉　杭志荣

CHUJI KUAIJI SHIWU

初级会计实务（第二版）

兰州大学出版社
LANZHOU UNIVERSITY PRESS

图书在版编目（CIP）数据

初级会计实务 / 赵雯，王欣然编著. -- 2版. -- 兰州 : 兰州大学出版社，2019.3
ISBN 978-7-311-05596-7

Ⅰ. ①初… Ⅱ. ①赵… ②王… Ⅲ. ①会计实务 Ⅳ. ①F233

中国版本图书馆CIP数据核字(2019)第052003号

策划编辑 濮丽霞
责任编辑 张 萍
封面设计 陈 文

书　　名 初级会计实务(第二版)
作　　者 赵 雯 王欣然 编著
出版发行 兰州大学出版社 (地址:兰州市天水南路222号 730000)
电　　话 0931-8912613(总编办公室) 0931-8617156(营销中心)
　　　　 0931-8914298(读者服务部)
网　　址 hhttp://press.lzu.edu.cn
电子信箱 press@lzu.edu.cn
印　　刷 北京虎彩文化传播有限公司
开　　本 787 mm×1092 mm 1/16
印　　张 11.75
字　　数 249千
版　　次 2019年3月第2版
印　　次 2019年3月第1次印刷
书　　号 ISBN 978-7-311-05596-7
定　　价 30.00元

前言（第二版）

随着“互联网+”时代的到来，信息化在各行各业中的应用日益深入，会计职业教育的环境也发生了深刻变化，职业教育也由规模发展向内涵式发展转变。与此同时，近年来为适应我国的经济发展和经济结构的转型，许多经济制度、法规也进行了一系列的修订，致使第一版教材的诸多内容与现行制度不相匹配。因此，我们继续本着“不需培训，就能直接上岗操作”的会计技能型人才培养目标，组织修订了这套职业院校会计专业核心系列教材。

第二版《初级会计实务》教材，是这套核心教材之一，修订后的教材沿袭了第一版的编写思想，在保留原教材特色的基础之上，从以下几方面进行了修订：

一、针对营改增的全面推行，本次修订将涉税知识点根据最新政策进行全面调整，紧密结合考试和实际工作需要。

二、删减个别晦涩难懂或在实际工作中很少用到的内容，使教材内容更贴近实际工作应用，并且更加通俗易懂。

三、对教材结构和顺序进行必要的整合和调整，更加注重会计基本技能及知识的掌握，强调业务处理能力的培养，尽可能地联系当前会计工作实际，使学生具备会计从业人员应具备的基础知识与技能。

本教材由包头财经信息职业学校赵雯、王欣然编著， 高卉、杭志荣审阅全部书稿，并提出许多指导性意见。在修订编写过程中得到了包头财经信息职业学校领导的支持和认可，得到了包头财经信息职业学校财会教研室部分教师的鼎力帮助，在此表示深深的感谢。

尽管我们在职业会计教材建设中做出了不懈努力，但是因编者水平有限，难免存在着一些不足与不妥，恳请同行批评指正，以便再次修订时完善。

编著者

2019年3月

目录

上　篇

第一讲　会计要素与会计等式

一、会计要素

会计要素是对会计对象的基本分类，是会计核算对象的具体化，也是设置账户和编制会计报表的基本依据。

我国《企业会计制度》规定，会计要素包括资产、负债、所有者权益、收入、费用和利润六项。其中，资产、负债和所有者权益是反映企业财务状况的会计要素，收入、费用和利润是反映企业经营成果的会计要素。

（一）反映财务状况的会计要素

1.资产

资产是指企业由于过去的交易或事项形成，并由企业拥有或者控制、预期会给企业带来经济利益的资源。

资产按流动性分为流动资产和非流动资产。

流动资产是指现金、银行存款、应收账款、原材料、库存商品等，可在一年内变现或者耗用的资产。

非流动资产是指长期股权投资、固定资产、无形资产等在一年以上变现或耗用的资产。

长期股权投资是指企业拥有或控制的持有时间准备超过一年的股权投资。

固定资产是指设备、机器、汽车、房屋等单位价值较高、使用时间较长的资产。

无形资产是指专利权、商标权、土地使用权等没有实物形态、使用时间较长的资产。

2.负债

负债是指由于过去的交易或事项形成、预期会导致经济利益流出企业的现时义务。其中，现时义务是指企业现已承担的义务。

负债按流动性分为流动负债和长期负债。

流动负债是指短期借款、应付账款、应交税费等各种需要在一年以内偿还的债务。

长期负债是指长期借款、应付债券等各种需要在一年以上偿还的债务。

3.所有者权益

所有者权益是指企业资产扣除负债后由所有者享有的剩余权益。公司的所有者权益又称为股东权益。

所有者权益包括实收资本、资本公积、其他综合收益、盈余公积和未分配利润，其中盈余公积和未分配利润称为留存收益。

实收资本是指投资者实际投入企业的各项资产形成的所有者权益。

资本公积是指企业接受投资者投入资本形成的资本溢价等。

盈余公积是指企业按规定从利润中提取的法定盈余公积金、任意盈余公积金。

未分配利润是指企业累积未分配的利润。

（二）反映经营成果的会计要素

1. 收入

收入是指企业在日常活动中形成的、会导致所有者权益增加的、与所有者投入资本无关的经济利益的总流入。

收入按企业经营业务的主次可分为主营业务收入和其他业务收入。

主营业务收入是指企业经常性的、主要业务所产生的收入。不同行业、不同企业的主营业务收入各不相同。一般来说，若一项收入在企业全部收入中所占的比重较大，能够对企业的经济利益产生重大影响时就应确认为该企业的主营业务收入。如工业制造业销售产品的收入、商品流通企业销售商品的收入、建筑业的建筑施工收入等。

其他业务收入是指企业非经常性、兼营业务产生的收入，如原材料销售收入、包装物出租收入等。

2. 费用

费用是指企业在日常活动中发生的、会导致所有者权益减少的、与向所有者分配利润无关的经济利益的总流出。

费用按用途不同，可分为计入产品成本的费用与期间费用。

计入产品成本的费用是指为生产产品发生的各项费用，包括直接材料、直接人工与制造费用。直接材料是指生产产品所消耗的各项原材料费用；直接人工是指生产产品的工人工资等薪酬；制造费用是指除直接材料、直接人工以外的各项应计入产品成本的费用，如车间固定资产折旧费、车间管理人员工资及福利费、车间办公费等。

期间费用是指企业经营活动发生的，不应计入产品成本，直接计入当期损益的各项费用。包括管理费用、财务费用和销售费用。管理费用是指企业行政管理部门进行经营活动发生的各项费用，如行政管理部门办公费、劳动保险费等；财务费用是指企业因筹集资金而发生的各项费用，如借款利息、银行结算手续费等；销售费用是指企业销售活动发生的各项费用，如广告费、销售产品应负担的运杂费等。

3. 利润

利润是指企业在一定会计期间的经营成果，包括收入减去费用后的净额、直接计入当期利润的利得和损失等。

二、会计等式

（一）反映财务状况的会计等式

资产=负债+所有者权益。

企业的资产有两个来源：一是企业借入形成的，我们称其为负债；二是企业接受投资者投资形成的，我们称其为所有者权益。在会计上又将负债与所有者权益统称为权益。显然在任何一时点上，企业的资产总额应等于其来源总额，即资产等于权益，也就是资产等于负债与所有者权益之和。

企业在生产经营过程中，每天都会发生各种各样的经济业务，从而引起会计要素的增减变动，但并不会破坏资产与权益的等式关系。经济业务尽管千变万化，但概括起来，不外乎以下四种类型：

（1）资产与权益同时增加；

（2）资产与权益同时减少；

（3）权益不变，资产有增有减；

（4）资产不变，权益有增有减。

上述任何一项经济业务都不会改变资产与权益的等式关系。下面以实例说明（表1-1）。

表1-1　某公司2018年1月1日的资产与权益

单位：万元

资　产		权益(负债+所有者权益)	
项　目	金　额	项　目	金　额
银行存款	70	短期借款	100
应收账款	40	应付账款	40
原材料	130	实收资本	260
固定资产	160		
合　计	400	合计	400

从表1-1中可以看出，2018年1月1日企业的资产总额是400万元，权益总额也是400万元，资产与权益总额相等。

假设该公司2018年1月发生如下经济业务：

【例1】1月10日公司接受投资40万元，存入银行。

这项业务，使公司的“银行存款”资产增加40万元，同时使“实收资本”所有者权益增加40万元。此项经济业务发生后，公司的资产总额为440万元，权益总额也为440万元，两者相等。此项经济业务说明，资产与权益同时增加业务只是引起等式左右增加相等的金额，但等式关系仍然存在。

【例2】1月15日公司以银行存款偿还短期借款20万元。

这项业务，使公司的“银行存款”资产减少20万元，同时使“短期借款”负债减少20万元。此项经济业务发生后，公司的资产总额为420万元，权益总额也为420万元，两者相等。此项经济业务说明，资产与权益同时减少业务只是引起等式左右减少了相等的金额，但等式关系仍然存在。

【例3】1月20日公司以银行存款购入原材料30万元。

这项业务，使公司的“原材料”资产增加30万元，同时使另一项资产“银行存款”减少30万元。此项经济业务发生后，公司的资产总额仍为420万元，权益总额也仍为420万元，两者相等。此项经济业务说明，权益不变，资产有增有减业务不会改变等式左右的金额及等式关系。

【例4】1月30日公司将前欠购料款转为公司接受的投资40万元。

这项业务，使公司负债“应付账款”减少40万元，使所有者权益“实收资本”增加40万元。此项经济业务发生后，公司的资产总额不变，仍为420万元，权益总额也不变，仍为420万元。此项经济业务说明，资产不变，权益有增有减业务不会改变等式左右金额及等式关系。

以上分析说明，经济业务的发生虽会导致资产、负债和所有者权益的增减变动，但无论其怎样变动，都不会破坏资产与权益之间的相等关系。此等式永恒存在，所以又称其为会计恒等式。

（二）反映经营成果的会计等式

利润=收入－费用+利得－损失。

其中，收入与费用的差额是指企业日常活动产生的经营成果。企业非日常活动产生的经济利益净流入称为利得，非日常活动产生的经济利益净流出称为损失。企业非日常活动产生的利得和损失一部分应直接计入当期利润中，也有一部分直接计入所有者权益（资本公积）中。非日常活动产生的直接计入当期利润中的利得与损失与日常活动产生的经营成果构成了一定期间的总经营成果。

第二讲　货币资金的核算

一、货币资金的概念

货币资金是指企业处于货币形态的那部分资金。货币资金是企业流动资产的一部分，是流动性最强的资产。根据货币资金的存放地点及其用途的不同，货币资金可分为库存现金、银行存款及其他货币资金。

库存现金是指存放于企业财会部门，由出纳人员经管的那部分货币资金。

银行存款是指企业存放在银行和其他金融机构的货币资金。

其他货币资金是指除库存现金、银行存款以外的各种货币资金。

二、库存现金

（一）库存现金收付范围

1.库存现金的收入范围

①剩余差旅费等个人的交款；

②对个人或不能转账的集体单位的销售收入；

③不足转账起点的小额收款（1000元以下）。

2.库存现金的支付范围

①职工薪酬；

②个人劳动报酬；

③根据国家规定发给个人的各种奖金；

④各种劳保、福利费用以及国家规定的对个人的其他支出；

⑤向个人收购农副产品和其他物资支付的款项；

⑥出差人员随身携带的差旅费；

⑦结算起点（1000元）以下的零星支出；

⑧中国人民银行确定需要支付现金的其他支出。

（二）库存现金的库存限额

库存现金的库存限额是指为了保证企业日常零星开支的需要，经开户银行审核批准企业留存库存现金的最高数额。

库存限额由开户银行根据企业的实际需要核定，一般按企业3～5天的日常零星开支的需要核定，边远地区和交通不便地区开户的企业，可多于5天，但不得超过15天的日常零星开支。库存限额一经核定，企业必须按规定限额控制库存现金。库存限额不足时，企业可向银行提取现金，以补足限额；超过限额的现金应于当日终了存入银行；需要增加或减少库存限额，企业应向开户银行提出申请，由开户银行核定。

（三）库存现金收支的有关规定

企业现金收入应于当日送存开户银行。当日送存有困难的，由开户银行确定送存时间。

企业支付现金，可以从本企业库存现金限额中支付或者从开户银行提取，不得从本企业的现金收入中直接支付，即坐支现金。因特殊情况需要坐支现金的，应当事先报经开户银行审查批准，由开户银行核定坐支现金的范围和限额。

企业从开户银行提取现金，应当写明用途，由本单位财会部门负责人签字盖章，经开户银行审核后，予以支付现金。

企业因采购地点不固定、交通不便以及其他特殊情况必须使用现金的，应向开户银行提出申请，经开户银行审核后，予以支付现金。

（四）库存现金收付业务的核算

企业库存现金的收付核算，首先应由出纳人员取得或填制原始凭证，由会计人员对原始凭证进行审核，并根据审核无误的原始凭证填制记账凭证。出纳人员办理现金收付款项时，要以经过审核和签字的原始凭证为依据。收款后应在凭证上加盖“现金收讫”印章，付款后应在凭证上加盖“现金付讫”印章。

1.应设账户

企业应设置“库存现金”账户进行库存现金核算。该账户借方登记库存现金的增加数额，贷方登记库存现金的减少数额，期末借方余额反映库存现金的结存金额。“库存现金”总账由会计人员进行登记，登记方法由企业采用的账务处理程序决定。采用记账凭证账务处理程序时，会计人员应根据记账凭证直接登记“库存现金”总账；采用科目汇总表账务处理程序时，会计人员应根据科目汇总表定期登记“库存现金”总账。

企业还应设置“现金日记账”进行库存现金的序时核算。“现金日记账”由出纳人员根据审核无误的原始凭证或记账凭证，按照经济业务发生的先后顺序逐日逐笔进行登记。每日终了，应计算本日现金收入、支出合计数及结余数，并与库存现金实有数核对，保证账款相符。

2.现金收入业务的核算

现金收入为库存现金的增加，应借记“库存现金”账户；应贷记的账户则需根据具体业务确定。

【例1】从银行提取现金20000元。

借：库存现金　　　　20000

　贷：银行存款　　　　　20000

【例2】职工出差归来报销差旅费2500元，退还现金500元。（该职工原借差旅费3000元）

借：库存现金　　　　500

　　管理费用　　　　2500

　贷：其他应收款　　　　3000

3.现金支出业务的核算

现金支出为库存现金的减少，应贷记“库存现金”账户；应借记的账户则需根据具体业务进行确定。

【例3】以现金支付职工工资6000元。

借：应付职工薪酬　　　　6000

　贷：库存现金　　　　　6000

【例4】职工出差借差旅费3000元，以现金支付。

借：其他应收款　　　　3000

　贷：库存现金　　　　　3000

（五）库存现金清查

库存现金清查是指通过一定的方法检查库存现金是否账实相符的一种会计核算方法。库存现金清查一般采用实地盘点法。所谓实地盘点法就是由出纳人员盘点库存现金的实存数，然后与现金日记账余额核对，以确定库存现金是否账实相符。实存数大于账存数为现金盘盈，实存数小于账存数为现金盘亏。

库存现金清查既包括出纳人员每日业务处理终了后进行的账实检查，也包括企业定期或不定期组织的现金核查。后一项现金清查一般应编制现金盘点表，详细记录清查的时间、实存数、账存数、盈亏数及盈亏原因、处理方式等内容，并要求相关人员签章。

对于库存现金的盘盈与盘亏，会计人员应根据盈亏原因及时进行相应账务处理。企业应设置“待处理财产损溢”账户核算库存现金的盘盈及盘亏额。“待处理财产损溢”账户的借方登记库存现金盘亏额及结转的库存现金盘盈额，贷方登记库存现金的盘盈额及结转的库存现金盘亏额。按财务制度规定，库存现金盘盈及盘亏额期末必须结转完毕，所以该账户无期末余额。

1.库存现金盘盈的处理

（1）清查出库存现金盘盈时，应反映库存现金增加，借记“库存现金”；同时反映待处理现金盘盈增加，贷记“待处理财产损溢”。

借：库存现金

　贷：待处理财产损溢

（2）根据盘盈原因，结转盘盈时，应反映待处理现金盘盈减少，借记“待处理财产损溢”；同时应根据盘盈原因，确定应贷的科目。

借：待处理财产损溢

　贷：×××

若确实无法查明盘盈原因，按财务制度的规定，应计入营业外收入。

借：待处理财产损溢

　贷：营业外收入

【例5】2018年3月末某企业组织库存现金清查，发现现金盘盈500元；经查，盘盈现金为职工归还的欠款，财务人员未及时入账造成的。

该企业应编制的会计分录如下：

①借：库存现金　　　　　　500

　　贷：待处理财产损溢　　　　500

②借：待处理财产损溢　　　500

　　贷：其他应收款　　　　　　500

【例6】2018年4月末某企业组织库存现金清查，发现现金盘盈1000元；经查，盘盈现金为企业收到的押金，财务人员未及时入账造成的。

该企业应编制的会计分录如下：

①借：库存现金　　　　　　　　1000

　贷：待处理财产损溢　　　　　　　1000

②借：待处理财产损溢　　　　　1000

　贷：其他应付款　　　　　　　　　1000

【例7】2018年12月末某企业组织库存现金清查，发现现金盘盈600元；无法查明盘盈原因，按财务制度处理。

该企业应编制的会计分录如下：

①借：库存现金　　　　　　　　600

　贷：待处理财产损溢　　　　　　　600

②借：待处理财产损溢　　　　　600

　贷：营业外收入　　　　　　　　　600

2.现金盘亏的处理

（1）清查出现金盘亏时，应反映库存现金减少，贷记“库存现金”；同时应反映待处理现金盘亏增加，借记“待处理财产损溢”。

借：待处理财产损溢

　贷：库存现金

（2）根据盘亏原因，结转盘亏时，应反映待处理现金盘亏减少，贷记“待处理财产损溢”；同时应根据盘亏原因，确定应借科目。

借：×××

　贷：待处理财产损溢

若现金盘亏原因确实无法查明，按财务制度的规定，应计入管理费用。

借：管理费用

　贷：待处理财产损溢

【例8】2018年5月某企业库存现金清查时，发现现金盘亏400元；经查，系购入办公用品未入账造成的。

该企业应编制的会计分录如下：

①借：待处理财产损溢　　　　　400

　贷：库存现金　　　　　　　　　　400

②借：管理费用　　　　　　　　400

　贷：待处理财产损溢　　　　　　　400

【例9】2018年6月某公司库存现金清查时，发现现金盘亏500元；经查，系职工李某的借款，财务人员未及时入账造成的。

该公司应编制的会计分录如下：

①借：待处理财产损溢　　　　　500

　贷：库存现金　　　　　　　　　　500

②借：其他应收款—李某　　　　500

　　贷：待处理财产损溢　　　　　500

【例10】2018年末某公司库存现金清查时，发现现金盘亏900元；确实无法查明原因，公司决定，由出纳人员赔偿300元，其余按财务制度处理。

该公司应编制如下会计分录：

①借：待处理财产损溢　　　　900

　　贷：库存现金　　　　　　　900

②借：其他应收款　　　　　　300

　　　管理费用　　　　　　　600

　　贷：待处理财产损溢　　　　　900

三、银行存款

（一）银行结算账户的概念

银行结算账户是指企业在银行开立的办理资金收付结算的人民币活期存款账户。通过银行结算账户可以将资金从一方向另一方转移。单位之间的人民币转账结算离不开银行结算账户。

银行结算账户按用途不同，可分为基本存款账户、一般存款账户、专用存款账户和临时存款账户。

基本存款账户是指企业办理日常转账结算和现金收付而开立的银行结算账户，是企业的主要存款账户。基本存款账户的使用范围包括：企业日常经费活动的资金收付，工资、奖金和现金的支取。每个企业开立基本存款账户，必须凭中国人民银行当地分支机构核发的开户许可证办理，只能选择一家银行的一个营业机构开立一个基本存款账户。

一般存款账户是指企业因借款或其他结算需要，在基本存款账户开户银行以外的银行营业机构开立的银行结算账户。一般存款账户主要用于办理企业借款转存、借款归还和其他结算的资金收付。该账户可以办理现金交存，但不得办理现金支取。开立基本存款账户的企业都可以开立一般存款账户，且没有数量限制。

临时存款账户是指企业因临时需要并在规定期限内使用而开立的银行结算账户。临时存款账户主要用于办理临时机构以及企业临时经营活动发生的资金收付。临时存款账户应根据有关开户证明文件确定的期限或企业的需要确定其有效期限，最长不得超过2年。注册验资的临时存款账户在验资期间只收不付，注册验资资金的汇交人应与出资人的名称一致。

专用存款账户是指存款人按照法律、行政法规和规章，对有特定用途资金进行专项管理和使用而开立的银行结算账户。专用存款账户主要用于基本建设资金、工会经费等专用资金的结算。

（二）银行存款收支业务的核算

1. 应设账户

企业应设置“银行存款”账户进行银行存款的核算。该账户借方登记银行存款收入数额，贷方登记银行存款支出数额，期末借方余额反映银行存款的结余数。“银行存款”总账由会计人员进行登记，登记方法由企业采用的账务处理程序决定。采用记账凭证账务处理程序时，会计人员应根据记账凭证直接登记“银行存款”总账；采用科目汇总表账务处理程序时，会计人员应根据科目汇总表定期登记“银行存款”总账。

企业还应设置“银行存款日记账”进行银行存款的序时核算。“银行存款日记账”由出纳人员根据审核无误的原始凭证或记账凭证，按照经济业务发生的先后顺序逐日逐笔进行登记。每日终了，计算出银行存款收入合计、支出合计及结余数。

2. 银行存款收入的核算

银行存款收入为银行存款的增加，应借记“银行存款”账户；应贷记的账户需根据具体业务确定。

【例11】甲公司（增值税一般纳税企业）销售产品收款348000元，其中增值税48000元，存入基本存款户。

借：银行存款—基本存款户　　348000
　贷：主营业务收入　　300000
　　　应交税费—应交增值税（销项税额）　　48000

【例12】甲公司收到银行借款400000元，期限为5个月，存入一般存款账户。

借：银行存款——一般存款户　　400000
　贷：短期借款　　400000

3. 银行存款支出的核算

银行存款支出为银行存款的减少，应贷记“银行存款”账户；应借记的账户需根据具体业务进行确定。

【例13】乙公司（增值税一般纳税人）采购材料，取得增值税专用发票，价款200000元，增值税32000元。购料款通过基本存款户支付结算。材料已收到并验收入库。

借：原材料　　200000
　　应交税费—应交增值税（进项税额）　　32000
　贷：银行存款—基本存款户　　232000

【例14】乙公司开出支票交税45000元。

借：应交税费　　45000
　贷：银行存款—基本存款户　　45000

（三）银行存款的清查

银行存款的清查是指企业银行存款日记账定期与开户银行转来的对账单逐笔核对。如果发现企业银行存款日记账与银行对账单的记账方向或金额不一致时，企业应编制

“银行存款余额调节表”进行调节，调节后的双方余额应相同，为企业可动用的存款数额。出纳人员应及时分析造成双方余额不等事项的原因。属于记账差错造成的，应按照正确的方法进行更正；属于未达账项造成的，应待收到有关结算凭证时再进行账务处理。“银行存款余额调节表”不能作为未达账项记账的依据。

【例15】A公司2018年11月30日“银行存款日记账”余额为6308元，“银行对账单”余额为6118元。经逐笔核对，发现如下事项：

①11月8日公司购买办公用品568元，日记账误记为496元；

②11月15日公司收到甲公司签发的支票422元，因甲公司存款不足，支票被退回；

③11月28日公司存现1663元，银行未入账；

④11月28日银行收到到期商业汇票款2000元，扣除手续费14元，余额1986元，公司未入账；

⑤11月30日银行扣本月结算手续费19元，公司未入账。

2018年11月30日A公司编制的银行存款余额调节表（表1-2）如下：

表1-2 银行存款余额调节表

单位：元

日记账项目	金额	对账单项目	金额
调整前余额	6308	调整前余额	6118
减：8日少记支出	72	加：企业已收，银行未收	1663
减：15日支票退回	422		
加：银行已收，企业未收	1986		
减：银行已付，企业未付	19		
调整后的余额	7781	调整后的余额	7781

A公司11月30日可动用的银行存款余额为7781元。根据调节表可以看出，A公司日记账有4笔调整事项，其中有2笔属于记账错误（前2项），应按正确的方法更正；有3笔未达账项（后3项），应在下月收到相关结算凭证时再入账。

第三讲 应收账款和其他应收款的核算

一、应收账款

（一）应收账款的概念

应收账款是指企业因日常销售商品或提供劳务而形成的债权，包括应向客户收取的货款、增值税及企业代垫的运杂费等。

（二）应收账款的核算

1.应设账户

企业应设置“应收账款”账户进行应收账款的核算。该账户借方登记应向客户收取的款项，贷方登记应收款项的收回，期末借方余额表示尚未收回的款项。该账户应按购货单位或接收劳务单位名称设置明细账进行明细核算。

2.销售商品收入实现，款未收到的业务核算

销售商品收入实现，款未收到业务是指企业已开出销售商品发票，商品所有权已转移给购货方，在会计上应当确认收入，但销货款尚未收到。

此项业务的相关处理如下：

（1）销售商品收入实现时，款未收到，应编制会计分录：

借：应收账款—×××公司

　贷：主营业务收入

　　　应交税费—应交增值税（销项税额）

（2）支付代垫运杂费（购货企业负担），应编制会计分录：

借：应收账款—×××公司

　贷：库存现金或银行存款

（3）支付运杂费（销售企业负担），应编制会计分录：

借：销售费用

　贷：库存现金或银行存款

若销售企业为增值税一般纳税企业，由销售企业负担的运费可按增值税专用发票抵扣应交增值税，计作进项税额，应编制会计分录：

借：销售费用

　　应交税费—应交增值税（进项税额）

　贷：库存现金或银行存款

（4）结转已销商品成本，应编制会计分录：

借：主营业务成本

　贷：库存商品

（5）收回欠款，应编制会计分录：

借：银行存款

　贷：应收账款—×××公司

【例1】A公司（增值税一般纳税制造加工企业）2018年5月销售一批产品给B公司，开出增值税专用发票，价款20000元，增值税3200元，款未收到。双方约定，运杂费由B公司负担，A公司先行垫付。销售产品时A公司以现金代垫运杂费3000元。该批产品成本为15000元。2018年11月A公司收回B公司欠款26200元，存入银行。

（1）2018年5月A公司销售产品时，应编制会计分录：

借：应收账款—B公司　　26200
　贷：主营业务收入　　20000
　　　应交税金—应交增值税（销项税额）　　3200
　　　库存现金　　3000

借：主营业务成本　　15000
　贷：库存商品　　15000

（2）2018年11月A公司收回欠款时，应编制会计分录：

借：银行存款　　26200
　贷：应收账款—B公司　　26200

【例2】C公司（增值税一般纳税制造加工企业）2018年8月赊售一批产品给D公司，开出增值税专用发票，价款50000元，增值税8000元。C公司开出支票支付运费，取得运输业增值税专用发票，运费价款1000元，增值税100元。双方约定，运费由C公司负担。该批产品成本为42000元。C公司2018年9月收回D公司欠款58000元，存入银行。

（1）2018年8月C公司赊销产品，应编制会计分录：

借：应收账款—D公司　　58000
　贷：主营业务收入　　50000
　　　应交税费—应交增值税（销项税额）　　8000

借：销售费用　　1000
　　应交税费—应交增值税（进项税额）　　100
　贷：银行存款　　1100

（2）2018年9月C公司收回欠款，应编制会计分录：

借：银行存款　　58000
　贷：应收账款—D公司　　58000

3.提供劳务收入实现，款未收到的业务核算

提供劳务是指企业对外提供运输、加工、修理、修配等服务性业务。提供劳务收入实现是指企业已完成了规定的劳务，在会计上应按双方约定的劳务款确认收入。确认劳务收入时，因款未收到，应通过“应收账款”账户核算。

提供劳务收入的核算方法与上述销售商品收入的核算方法基本相同，现以实例说明如下。

【例3】E公司（增值税一般纳税的制造加工企业）2018年9月为F公司加工一批零件，开出增值税专用发票，加工费4000元，增值税640元。款未收到。加工成本共计1000元，均以现金支付。2018年11月E公司收到F公司支付的欠款4640元，存入银行。

（1）E公司2018年9月提供加工劳务，应编制会计分录：

借：应收账款—F公司　　4640

　贷：主营业务收入　　4000

　　　应交税费—应交增值税（销项税额）　　640

借：主营业务成本　　1000

　贷：库存现金　　1000

（2）E公司2018年11月收到欠款，应编制会计分录：

借：银行存款　　4640

　贷：应收账款—F公司　　4640

【例4】G公司（运输公司）2018年10月为H公司提供运输劳务，开出增值税专用发票，运输费4000元，增值税400元。款未收到。G公司为此项运输劳务共支付费用2600元，均以现金支付。G公司2018年12月收到H公司支付的运费。

（1）2018年10月G公司提供运输劳务，应编制会计分录：

借：应收账款—H公司　　4400

　贷：主营业务收入　　4000

　　　应交税费—应交增值税（销项税额）　　400

借：主营业务成本　　2600

　贷：库存现金　　2600

（2）2018年12月G公司收到H公司支付的运费时，应编制会计分录：

借：银行存款　　4400

　贷：应收账款—H公司　　4400

二、其他应收款的核算

（一）其他应收款的概念

其他应收款是指企业除应收票据、应收账款、预付账款、应收股利和应收利息以外的其他各种应收及暂付款项。其主要内容包括：应收的各种赔款、罚款，如因企业财产等遭受意外损失而应向有关保险公司收取的赔款等；应收的出租包装物租金；应向职工收取的各种垫付款项，如为职工垫付的水电费、应由职工负担的医药费、房租费等；存出保证金，如租入包装物支付的押金；其他各种应收、暂付款项。

（二）其他应收款的核算

1.应设账户

企业应设置“其他应收款”账户进行其他应收款的核算。该账户借方登记其他应收款的增加，贷方登记其他应收款的减少，期末借方余额表示尚未收回或尚未结算的其他应收款金额。该账户应按应收的单位或个人名称设置明细账，进行明细核算。

【例5】甲公司以银行存款替职工王某垫付应由其个人负担的医疗费5000元，拟从其工资中扣回。甲公司应编制如下会计分录：

（1）垫付时：

借：其他应收款—王某　　5000

　贷：银行存款　　5000

（2）扣款时：

借：应付职工薪酬　　5000

　贷：其他应收款—王某　　5000

【例6】甲公司向丁公司租入一批包装物，以银行存款向丁公司支付押金10000元。甲公司应编制如下会计分录：

借：其他应收款—丁公司　　10000

　贷：银行存款　　10000

【例7】承上例，甲公司按期如数向丁公司退回所租包装物，并收到丁公司退还的押金10000元，已存入银行。甲公司应编制如下会计分录：

借：银行存款　　10000

　贷：其他应收款—丁公司　　10000

2.备用金的核算

备用金是指企业预付给企业内部有关部门备作零星开支和职工差旅费的款项。

备用金的核算方法有借款报账制及定额备用金制两种。

（1）借款报账制

借款报账制是指备用金的使用部门或个人使用备用金时，办理借款手续，并按时报销的一种核算方法。

使用备用金借款时，应编制会计分录：

借：其他应收款—×××

　贷：库存现金或银行存款

备用金报销时，应编制会计分录：

借：管理费用或制造费用

　贷：其他应收款—×××

【例8】2018年11月4日办公室李某出差借差旅费2000元，现金支付。11月25日，李某报销差旅费1800元，退回现金200元。

11月4日李某借差旅费时，应编制会计分录：

借：其他应收款—李某　　2000

　贷：库存现金　　2000

11月25日李某报销差旅费时，应编制会计分录：

借：管理费用　　　　　　　　　　1800

　　库存现金　　　　　　　　　　200

　贷：其他应收款—李某　　　　　　　　2000

【例9】2018年12月9日车间日常零星开支借款4000元，开出现金支票，交付车间。12月28日车间报销零星开支4600元，另付车间现金600元。

12月9日车间借款时，应编制会计分录：

借：其他应收款—车间　　　　　　4000

　贷：银行存款　　　　　　　　　　　4000

12月28日车间报销零星开支时，应编制会计分录：

借：制造费用　　　　　　　　　　4600

　贷：其他应收款—车间　　　　　　　4000

　　　库存现金　　　　　　　　　　　600

（2）定额备用金制

定额备用金制是指企业根据内部各部门日常零星开支需要，核定一定数额的备用金预付给有关部门使用，并规定报销期限，报销时会计部门按报销金额支付现金补足定额的一种核算方法。一般来说，年初按定额预付备用金；按月报销，并按报销金额补足定额；年终收回定额备用金余额。

年初拨付备用金定额时，应编制会计分录：

借：其他应收款—×××

　贷：库存现金或银行存款

每月报销备用金时，补足定额，应编制会计分录：

借：管理费用或制造费用

　贷：库存现金或银行存款

年末收回定额备用金余额时，应编制会计分录：

借：库存现金

　贷：其他应收款—×××

【例10】2018年初财务部门拨付办公室备用金定额8000元，现金支付。该公司财务制度规定每月25日报销备用金，补足定额。2018年1月25日办公室持有关业务的单据报销备用金6500元，财务部门以现金补足定额。2018年12月25日办公室报销备用金7500元，退回现金500元。

2018年初拨付备用金定额，应编制会计分录：

借：其他应收款—办公室　　　　　8000

　贷：库存现金　　　　　　　　　　　8000

2018年1月25日办公室报销备用金，补足定额，应编制会计分录：

借：管理费用　　　　　　　　　　6500

贷：库存现金　　　　　　　　6500

2018年12月25日办公室报销备用金，退回定额备用金余额，应编制会计分录：

借：管理费用　　　　　　　　7500

　　库存现金　　　　　　　　500

　贷：其他应收款—办公室　　　　8000

第四讲　原材料和库存商品的核算

一、原材料的核算

原材料是指企业日常生产经营过程中耗用的各种原料及主要材料、辅助材料、燃料、修理用备件和包装材料等。

原材料的核算有两种方法，一种是按实际成本计价核算，一种是按计划成本计价核算。企业可根据实际情况，自行确定核算方法。本讲介绍原材料按实际成本计价的核算。

原材料按实际成本计价核算是指原材料总账及其明细账应按原材料的实际成本登记。

（一）购入原材料的计价及核算

1.购入原材料的计价

（1）增值税一般纳税企业购入原材料的计价

按增值税法的规定，增值税一般纳税制造企业采购原材料，取得增值税专用发票，专用发票上注明的增值税额应计作进项税额，不计入购入原材料的实际成本。

按此规定，增值税一般纳税制造企业购入原材料的实际成本应为采购原材料的总支出扣除增值税进项税额以外的各项支出总和，具体包括价款、运杂费、运输途中的合理损耗、入库前的整理挑选费用及进口材料的关税等。单位成本等于实际成本除以实际验收入库的数量。

【例1】A公司（增值税一般纳税制造企业）采购原材料，取得增值税专用发票，增值税专用发票上注明价款50000元，增值税8000元，采购数量为960千克。A公司另以现金支付运费，取得增值税专用发票，注明运费1000元，增值税100元。入库整理挑选费用300元。实际验收入库950千克，短缺10千克为运输途中的合理损耗。款已用银行存款支付。

该批材料的实际成本=50000＋1000＋300=51300（元）；

该批材料的单位成本=51300÷950=54（元/千克）；

增值税进项税额=8000＋100=8100（元）。

【例2】B公司（增值税一般纳税制造企业）进口原材料，取得海关完税凭证，完税凭证上注明价款300000元，增值税48000元，关税30000元，数量1200件。B公司另付运费，取得增值税专用发票，注明运费3000元，增值税300元。实际验收入库数量为1200件。

该批进口材料的实际成本=300000 + 30000 + 3000=333000（元）；

该批进口材料的单位成本=333000÷1200=277.50（元/件）。

【例3】C公司（增值税一般纳税制造企业）采购原材料，取得增值税专用发票，发票上注明货款48000元，增值税7680元，数量500千克。C公司另付运费，取得增值税专用发票，注明运费1000元，增值税100元。C公司实际验收入库490千克，短缺10千克为运输途中的合理损耗。

该批材料的实际成本=48000 + 1000=49000（元）；

该批材料的单位成本=49000÷490=100（元/千克）。

（2）增值税小规模纳税企业购入原材料的计价

增值税小规模纳税制造企业采购原材料的实际成本为采购原材料发生的各项支出总和，具体包括价款、增值税、运杂费、运输途中的合理损耗及进口关税。入库材料的单位成本为实际成本除以实际入库数量。

【例4】D公司（增值税小规模纳税制造企业）采购原材料，取得增值税普通发票，增值税普通发票上注明价款50000元，增值税8000元，采购数量为1000千克。D公司另付运费，取得增值税普通发票，注明运费1000元，增值税100元。入库前整理挑选费用300元。实际验收入库995千克，短缺5千克为运输途中的合理损耗。材料已验收入库，款已用银行存款支付。

该批材料的实际成本=50000 + 8000 + 1000 + 100+300=59400（元）；

该批材料的单位成本=59400÷995=59.70（元/千克）。

2.购入原材料的核算

（1）应设账户

①企业应设置“原材料”账户进行库存原材料的核算。该账户为资产类账户。原材料验收入库，表示库存材料增加，记该账户借方；发出原材料，表示库存材料减少，记该账户贷方；期末余额在借方，表示月末结存材料的实际成本。该账户应按库存原材料的种类设置明细账，进行明细核算。明细账一般采用数量金额式账页，也可采用三栏式账页。

②企业应设置“在途物资”账户进行在途材料的核算。在途材料是指款已付，尚未收到验收入库的原材料。该账户为资产类账户。支付采购材料款时，材料尚未收到，表示在途材料增加，记该账户借方；收到在途材料，验收入库时，表示在途材料减少，记该账户贷方。该账户应按在途材料的种类设置明细账，进行明细核算。明细账一般采用三栏式账页。

③企业应设置“应付账款”账户进行应付账款的核算。该账户为负债类账户。材料验收入库时，款未支付，表示应付账款的增加，记该账户贷方；支付采购材料的欠款

时，表示应付账款的减少，记该账户借方；期末余额一般在贷方，表示尚未支付的采购材料的欠款。该账户应按债务单位名称设置明细账，进行明细核算。明细账一般采用三栏式账页。

（2）材料验收入库，同时付款的核算

①增值税一般纳税企业采购材料，取得增值税专用发票，材料验收入库，同时付款，应按购入原材料的实际成本反映"原材料"增加；同时反映"应交税费—应交增值税（进项税额）"的增加及"银行存款""库存现金"的减少。

借：原材料

　　应交税费—应交增值税（进项税额）

　贷：银行存款

　　　库存现金

【例5】上述例1，A公司收到材料，同时付款，应编制会计分录：

	借	贷
借：原材料	51300	
应交税费—应交增值税（进项税额）	8100	
贷：银行存款		58000
库存现金		1400

②增值税小规模纳税企业，材料验收入库，同时付款时应按购入原材料的实际成本反映"原材料"的增加，同时反映"银行存款"、"库存现金"的减少。

借：原材料

　贷：银行存款

　　　库存现金

【例6】上述例4，D公司收到材料，付款时应编制如下会计分录：

	借	贷
借：原材料	59400	
贷：银行存款		59400

（3）付款时材料尚未收到业务的核算

①增值税一般纳税企业，采购材料，取得增值税专用发票，支付采购材料款时，因材料尚未收到，应按购入材料的实际成本反映"在途物资"增加，同时反映"应交税费—应交增值税（进项税额）"的增加及"银行存款""库存现金"的减少。收到材料时，反映"原材料"的增加，"在途物资"的减少。

付款时编制会计分录：

借：在途物资

　　应交税费—应交增值税（进项税额）

　贷：银行存款

收料时编制会计分录：

借：原材料

贷：在途物资

【例7】甲公司（增值税一般纳税企业）2018年10月5日采购S材料，取得增值税专用发票，专用发票上注明价款60000元，增值税9600元，数量600件。款已通过银行支付，材料尚未收到。11月2日，甲公司收到上述S材料，验收入库，实收数量600件。

10月5日甲公司付款时，编制会计分录：

借：在途物资—S材料　　60000

　　应交税费—应交增值税（进项税额）　　9600

　贷：银行存款　　69600

11月2日甲公司收到S材料时，编制会计分录：

借：原材料—S材料　　60000

　贷：在途物资—S材料　　60000

②增值税小规模纳税企业，支付采购材料款时，因材料尚未收到，应按购入材料的实际成本反映"在途物资"的增加，同时反映"银行存款""库存现金"的减少。收到材料时，反映"原材料"的增加，"在途物资"的减少。

付款时编制会计分录：

借：在途物资

　贷：银行存款

收料时编制会计分录：

借：原材料

　贷：在途物资

【例8】乙公司（增值税小规模纳税企业）2018年11月8日采购D材料，取得增值税普通发票，价款50000元，增值税1500元。数量1200吨。对方代垫运杂费1300元。款已全部通过银行支付，材料尚未收到。11月25日乙公司收到上述D材料，全部验收入库。

11月8日乙公司付款时，编制会计分录：

借：在途物资—D材料　　52800

　贷：银行存款　　52800

11月25日乙公司收到D材料时，编制会计分录：

借：原材料—D材料　　52800

　贷：在途物资—D材料　　52800

（4）收到材料时，款尚未支付业务的核算

①增值税一般纳税企业，采购材料，取得增值税专用发票，材料验收入库时，应按购入材料的实际成本反映"原材料"的增加，及"应交税费—应交增值税（进项税额）"的增加，但因款未支付，应反映"应付账款"的增加。还款时，应反映"应付账款"的减少，及"银行存款"的减少。

材料验收入库时，编制会计分录：

借：原材料

应交税费—应交增值税（进项税额）

贷：应付账款

还款时，编制会计分录：

借：应付账款

贷：银行存款

【例9】丙公司（增值税一般纳税企业），2018年9月15日向大地公司采购F材料，取得增值税普通发票，价款40000元，增值税1200元。大地公司代垫运杂费，取得增值税专用发票，注明运费1000元，增值税100元。丙公司另以现金支付入库前整理挑选费用500元。材料已验收入库，款尚未支付。10月15日，丙公司以银行存款支付采购F材料的欠款。

9月15日丙公司收到材料，编制会计分录：

材料采购成本=40000 + 1200+1000 + 500=42700（元）；

增值税进项税额=100（元）。

借：原材料—F材料　　42700

应交税费—应交增值税（进项税额）　　100

贷：应付账款—大地公司　　42300

库存现金　　500

10月15日丙公司支付F材料欠款，编制会计分录：

借：应付账款—大地公司　　42300

贷：银行存款　　42300

②增值税小规模纳税企业，材料验收入库时，应按购入材料的实际成本反映“原材料”的增加，按尚未支付的款项反映“应付账款”的增加。还款时，应反映“应付账款”的减少，及“银行存款”的减少。

材料验收入库，编制会计分录：

借：原材料

贷：应付账款

还款时，编制会计分录：

借：应付账款

贷：银行存款

【例10】丁公司（增值税小规模纳税企业）2018年12月4日向美华公司采购K材料，取得增值税普通发票，发票上注明价款10000元，增值税1600元，数量1500千克。美华公司代垫运费，取得增值税普通发票，注明运费1000元，增值税100元。实收1496千克，短缺4千克为运输途中的合理损耗。材料已验收入库，款尚未支付。2019年1月10日以银行存款支付美华公司欠款。

2018年12月4日丁公司收到材料时，编制会计分录：

借：原材料—K材料　　　　　　12700

　贷：应付账款—美华公司　　　　　12700

2019年1月10日支付美华公司欠款时，编制会计分录：

借：应付账款—美华公司　　　　12700

　贷：银行存款　　　　　　　　　12700

（二）接受投资者投入原材料的计价及核算

接受投资者投入的原材料，应按双方确认价及企业另付的运杂费之和，作为入账价值（实际成本）。若接受投资方为增值税一般纳税人，并取得增值税专用发票，则专用发票上注明的增值税额可计作增值税的进项税额，不计入取得材料的成本。

企业应设置"实收资本"账户反映投资者投入资本的核算。该账户为所有者权益类账户。企业收到投资时，表示实收资本增加，记该账户贷方；企业依法退还投资时，表示实收资本减少，记该账户贷方；期末贷方余额表示实收资本总额。该账户应按投资者名称开设三栏式明细账，进行明细核算。

增值税一般纳税企业，接受原材料投资，取得增值税专用发票，收到材料时，应按接受投资材料的实际成本反映"原材料"的增加，同时按规定反映"应交税费—应交增值税（进项税额）"的增加，按投资额反映"实收资本"的增加。若另付运杂费，应将运杂费计入材料成本，同时反映"银行存款"或"库存现金"的减少。

借：原材料

　　应交税费—应交增值税（进项税额）

　贷：实收资本

　　　银行存款或库存现金

增值税小规模纳税企业，接受原材料投资，收到材料时，应按接受投资材料的成本反映"原材料"的增加，同时按双方确认的投资额反映"实收资本"的增加。若另付运杂费，应将运杂费计入材料成本，同时反映"银行存款"或"库存现金"的减少。

借：原材料

　贷：实收资本

　　　银行存款或库存现金

【例11】S公司（增值税一般纳税企业）接受其他企业投入的原材料一批，双方协议价464000元，取得投资方开具的增值税专用发票，专用发票上注明价款400000元，增值税64000元，发票数量1500件。S公司另以现金支付运费，取得运输业增值税专用发票，注明运费1300元，增值税130元，入库前的整理挑选费用500元。

该批材料的实际成本=400000＋1300＋500=401800（元）；

该批材料的单位成本=401800÷1500=267.87（元/件）。

借：原材料　　　　　　　　　401800

应交税费—应交增值税（进项税额）　　64130

贷：实收资本　　464000

库存现金　　1930

【例12】若上例S公司为增值税小规模纳税制造企业，取得的均为增值税普通发票，其他资料不变。

该批材料的实际成本=400000＋64000＋1300+130＋500=465930（元）；

该批材料的单位成本=465930÷1500=310.62（元/件）。

借：原材料　　465930

贷：实收资本　　464000

库存现金　　1930

（三）发出原材料的计价及核算

1.发出原材料的计价

发出原材料的计价方法有先进先出法、月末一次加权平均法、移动加权平均法及个别计价法。各单位应根据实际情况进行选择。一经确定，不得随意变更。

（1）先进先出法

先进先出法是假设先入库的材料先发出，按照这一假设计算每次发出材料的成本。具体做法是：收到材料时，逐笔登记每批材料的数量、单价和金额；发出材料时，按最先收到材料的单价来计算发出材料的成本，并逐笔登记发出和结存材料的数量、单价和金额。也可按先进先出原理，月末先计算结存材料的成本，再根据月初结存及本月购入情况计算本月发出材料的成本。

【例13】某公司2018年10月甲材料收发结存情况如下：

10月1日期初结存2000件，单价2元；

10月7日购入5000件，单价2.2元；

10月12日发出4000件；

10月15日购入3000件，单价2.4元；

10月20日发出2000件；

10月26日发出3000件。

根据以上资料，采用先进先出法计算本月发出甲材料的成本，见表1-3。

月末结存材料的成本=1000×2.4=2400（元）；

本月发出材料的成本=4000+18200－2400=19800（元）。

（2）月末一次加权平均法

加权平均法是月末计算月初结存材料与本月入库材料的平均单位成本，然后根据平均单位成本计算本月发出材料及月末结存材料的成本。采用这种方法，平时需逐笔登记每次入库材料的数量、单价及金额；逐笔登记每次发出材料的数量及结存数量，不需登记每次发出及结存材料的单价、金额；待月末计算出平均单位成本后，再计算登记。

平均单位成本=（期初结存材料成本＋本月入库材料成本）÷（期初结存材料数量＋本月入库材料数量）；

本月发出材料成本=本月发出材料数量×平均单位成本；

月末结存材料成本=期初结存材料成本＋本月入库材料成本－本月发出材料成本。

表1–3　甲材料明细账

计量单位：元

2018年		记账凭证		摘要	收入			发出			结存		
月	日	类别	号数		数量	单价	金额	数量	单价	金额	数量	单价	金额
10	1			期初结存							2000	2.00	4000
	7			购入	5000	2.20	11000				2000 5000	2.00 2.20	4000 11000
	12			发出				2000 2000	2.00 2.20	4000 4400	3000	2.20	6600
	15			购入	3000	2.40	7200				3000 3000	2.20 2.40	6600 7200
	20			发出				2000	2.20	4400	1000 3000	2.20 2.40	2200 7200
	26			发出				1000 2000	2.20 2.40	2200 4800	1000	2.40	2400
	31			合计	8000		18200	9000		19800	1000	2.40	2400

【例14】依据上例甲材料资料，采用加权平均法计算本月发出甲材料成本，见表1–4。

表1–4　甲材料明细账

计量单位：元

2018年		记账凭证		摘要	收入			发出			结存		
月	日	类别	号数		数量	单价	金额	数量	单价	金额	数量	单价	金额
10	1			期初结存							2000	2.00	4000
	7			购入	5000	2.20	11000				7000		
	12			发出				4000			3000		
	15			购入	3000	2.40	7200				6000		
	20			发出				2000			4000		
	26			发出				3000			1000	2.22	2220
	31			合计	8000		18200	9000	2.22	19980	1000	2.22	2220

平均单位成本=（4000＋18200）÷（2000＋8000）=2.22（元）；

本月发出材料成本=9000×2.22=19980（元）；

月末结存材料成本=4000＋18200－19980=2220（元）。

（3）个别计价法

个别计价法是根据材料入库时的实际单价计算每次发出材料成本。采用这种方法需要详细登记每批入库材料的数量、单价、金额及存放地点等，以便发出材料时能够准确确定其单价。

【例15】依据上例甲材料资料，假定10月12日发出的4000件材料中，有1000件为期初存货，3000件为7日购进；20日发出的2000件材料为7日购进；26日发出的3000件材料为15日购进。

采用个别计价法计算本月发出甲材料成本，见表1–5：

表1–5 甲材料明细账

计量单位：元

2018年		记账凭证		摘要	收入			发出			结存		
月	日	类别	号数		数量	单价	金额	数量	单价	金额	数量	单价	金额
10	1			期初结存							2000	2.00	4000
	7			购入	5000	2.20	11000				2000 5000	2.00 2.20	4000 11000
	12			发出				1000 3000	2.00 2.20	2000 6600	1000 2000	2.00 2.20	2000 4400
	15			购入	3000	2.40	7200				1000 2000 3000	2.00 2.20 2.40	2000 4400 7200
	20			发出				2000	2.20	4400	1000 3000	2.00 2.40	2000 7200
	26			发出				3000	2.40	7200	1000	2.00	2000
	31			合计	8000		18200	9000		20200	1000	2.00	2000

（4）移动加权平均法

移动加权平均法是指以每次进货的成本加上原有库存存货的成本，除以每次进货数量加上原有库存存货数量，据以计算加权平均单位成本，作为在下次进货前计算各次发出存货成本依据的一种方法。计算公式如下：

存货单位成本=（原有库存存货的实际成本+本次进货的实际成本）÷（原有库存存货数量＋本次进货数量）；

本次发出存货的成本=本次发出存货数量×本次发货前存货的单位成本；

本月月末库存存货的成本=月末库存存货的数量×本月月末存货单位成本。

【例16】依据上例甲材料资料，甲材料明细账（略）：

10月7日购入材料后甲材料单位成本=15000÷7000=2.1429（元）；

10月12日发出材料的成本=4000×2.1429=8571.6（元）；

10月12日发出材料后库存材料成本=15000－8571.6=6428.4（元）；

10月15日购入材料后甲材料单位成本=（6428.4＋7200）÷6000=2.2714（元）；

10月20日及10月26日发出甲材料的成本=5000×2.2714=11357（元）；

10月31日结存甲材料成本=6428.4＋7200－11357=2271.4（元）。

2.发出材料的核算

（1）应设账户

①企业应设置“生产成本”账户进行生产费用的归集及产品成本的计算。该账户为成本类账户。发生生产费用时，表示生产成本的增加，记该账户借方；产品完工入库时，结转完工产品成本，表示生产成本的减少，记该账户贷方；期末余额在借方，表示期末在产品成本。该账户应按产品种类开设多栏式明细账进行明细核算，并按成本项目，即直接材料、直接人工、制造费用设置多栏。

②企业应设置“制造费用”账户进行制造费用的归集核算。该账户为成本类账户。发生制造费用时，表示制造费用的增加，记该账户借方；月末应将制造费用结转到生产成本账户中，表示制造费用的减少，记该账户贷方；期末无余额。该账户应按车间名称开设多栏式明细账进行明细核算，并按费用项目，如材料费、办公费、工资及福利费等设置多栏。费用项目由企业根据核算需要自行确定。

③企业应设置“管理费用”账户进行管理费用的归集核算。该账户为损益类中的费用类账户。发生管理费用时，表示管理费用增加，记该账户借方；月末应将本月归集的管理费用结转到本年利润账户中，表示管理费用的减少，记该账户贷方；期末无余额。该账户应按费用项目开设多栏式明细账，进行明细核算。费用项目由企业根据核算需要自行确定。

（2）账务处理

由于发料业务频繁，发料凭证数量大，为了简化核算工作，平时一般只根据发料凭证登记材料明细账，而不直接根据发料凭证编制记账凭证。月末，根据本月发料凭证编制“材料发出汇总表”，据此编制记账凭证，登记原材料总账。

“材料发出汇总表”应按发出材料的用途编制。车间生产产品领用的材料成本，应计入“生产成本”账户；车间管理及一般消耗领用的材料成本应计入该车间的“制造费用”账户；行政管理部门领用的材料成本应计入“管理费用”账户。

借：生产成本

　　制造费用

管理费用

贷：原材料

【例17】某企业2018年8月末，根据“领料单”，经汇总编制的“材料发出汇总表”如表1-6：

表1-6　发料凭证汇总表

应借账户 / 应贷账户		生产成本		制造费用		管理费用	合计
		A产品	B产品	一车间	二车间		
原材料	甲材料	46000	20000				66000
	乙材料	4000	5000				9000
	辅助材料			3000	1000	2000	6000
	燃料			5000	4000	2000	11000
	合计	50000	25000	8000	5000	4000	92000

根据“材料发出汇总表”，该企业应编制如下会计分录：

借：生产成本—A产品（直接材料）　　50000

　　　　　　—B产品（直接材料）　　25000

　　制造费用——车间　　8000

　　　　　　—二车间　　5000

　　管理费用　　4000

　贷：原材料　　92000

二、库存商品的核算

库存商品主要指工业企业完工入库尚未出售的产成品，和商业企业购入尚未售出的商品。

企业应设置“库存商品”账户进行库存商品的核算。该账户为资产类账户。工业企业产成品完工入库，或商业企业购入商品时，表示库存商品的增加，记该账户的借方；工业企业发出产成品，或商业企业出售商品时，表示库存商品的减少，记该账户的贷方；期末余额在借方，表示期末库存商品的成本。该账户应按库存商品的种类开设明细账，进行明细核算。明细账一般采用数量金额式账页，也可采用三栏式账页。

企业应设置“主营业务成本”账户进行已销商品成本的核算。该账户为损益类中的费用类账户。商品销售，应结转已销商品成本，表示已销商品成本增加，记该账户的借方；月末为了计算利润，应将本月主营业务成本转入“本年利润”账户，表示主营业务成本的减少，记该账户的贷方；期末无余额。该账户应按已销商品种类设置明细账，进行明细核算。明细账一般采用三栏式账页，也可采用数量金额式账页或多栏式账页。

(一) 工业企业库存商品的核算

1.结转完工产品成本的核算

工业企业的库存商品，即产成品，其成本为产品在生产过程中发生的各项费用总和。具体包括直接材料费、直接人工费及制造费用。

结转完工产品成本，应按完工产品成本反映“库存商品”的增加，同时反映“生产成本”的减少。

借：库存商品

　贷：生产成本

2.结转已销产品成本的核算

发出产品的成本计算与发出原材料的成本计算方法相同，可采用先进先出法、月末一次加权平均法、移动加权平均法或个别计价法计算。结转已销产品成本，应按已销产品成本反映“主营业务成本”的增加，同时反映“库存商品”的减少。

借：主营业务成本

　贷：库存商品

此项业务的处理，可随产品销售，逐笔结转；也可于每月末编制“已销产品成本汇总表”，汇总结转。

【例18】某公司2018年11月初“库存商品—甲产品”账户余额为78000元，结存数量为1500件。经计算，11月完工入库甲产品2400件，成本为134400元，单位成本为56元。经汇总，11月销售甲产品2800件。该公司已销产品成本采用加权平均法计算。

平均单位成本=（78000＋134400）÷（1500＋2400）=54.46（元/件）；

本月已销产品成本=2800×54.46=152488（元）；

月末结存产品成本=78000＋134400－152488=59912（元）。

该公司结转完工产品成本，应编制会计分录：

借：库存商品—甲产品　　　　134400

　贷：生产成本—甲产品　　　　　　134400

该公司结转已销产品成本，应编制会计分录：

借：主营业务成本—甲产品　　152488

　贷：库存商品—甲产品　　　　　　152488

(二) 商业企业库存商品的核算

1.外购商品的计价及核算

增值税一般纳税的商业企业，购入商品，取得增值税专用发票，专用发票上注明的增值税不计入商品成本，计作增值税的进项税额。按财务制度规定，商业企业购入商品过程中发生的运杂费、运输途中的合理损耗及入库前的整理挑选费用等进货费用，应当计入商品采购成本。也可以先进行归集，期末根据所购商品的存销情况进行分摊，对于已售商品的进货费用，计入当期损益；对于未售商品的进货费用，计入期末库存商品的成本。企业采购商品的进货费用金额较小的，可以在发生时直接计入当期损益。

增值税小规模纳税商业企业，购入商品，取得增值税普通发票，增值税不得抵扣，应计入商品的采购成本。

商业企业购入商品业务的处理与工业企业购入原材料业务的处理基本相同，以增值税一般纳税企业为例，简单说明如下：

商品收到，同时付款业务：

借：库存商品

　　应交税费—应交增值税（进项税额）

　贷：银行存款

先付款，后收货业务：

借：在途物资

　　应交税费—应交增值税（进项税额）

　贷：银行存款

借：库存商品

　贷：在途物资

先收货，后付款业务：

借：库存商品

　　应交税费——应交增值税（进项税额）

　贷：应付账款

借：应付账款

　贷：银行存款

2.发出库存商品的计价及核算

与工业企业发出原材料的计价方法相同，商业企业发出库存商品的成本可采用先进先出法计价，也可采用月末一次加权平均法、移动加权平均法和个别计价法计价。

结转已销商品成本，应编制会计分录：

借：主营业务成本

　贷：库存商品

第五讲　固定资产的核算

一、固定资产的概念

固定资产是指企业使用期限超过1年的房屋、建筑物、机器、机械、运输工具以及其他与生产、经营有关的设备、器具、工具等。不属于生产经营主要设备的物品，单位价值在2000元以上，并且使用年限超过2年的，也应当作为固定资产。

二、固定资产取得的计价及其核算

（一）应设账户

企业应设置“固定资产”账户进行固定资产原价（取得成本）的核算。该账户为资产类账户。取得固定资产时，表示固定资产增加，应按取得成本记该账户的借方；固定资产报废、出售时，表示固定资产减少，应按减少固定资产的原价记该账户的贷方；期末余额在借方，表示固定资产原值总额。该账户应按固定资产的种类设置明细账，进行明细核算。明细账一般采用三栏式账页，也可采用卡片式账页。

企业应设置“累计折旧”账户进行累计折旧的核算。该账户为资产类账户。企业每月计提折旧时，表示累计折旧的增加，记该账户的贷方；固定资产报废、出售时，表示累计折旧的减少，记该账户的借方；期末余额在贷方，表示累计折旧的总额。该账户一般只需设置一个明细账，即累计折旧明细账。明细账一般采用三栏式。

企业应设置“在建工程”账户进行工程成本及固定资产成本的核算。该账户为资产类账户。发生在建工程支出时，表示在建工程的增加，记该账户的借方；工程完工，结转工程成本时，表示在建工程的减少，记该账户的贷方；期末余额在借方，表示在建工程累计已发生的支出总额。该账户应按工程名称开设明细账，进行明细核算。明细账一般采用三栏式账页。

（二）购入不需要经过建造安装即可使用的固定资产

购入不需要经过建造安装过程即可使用的固定资产，取得成本为购买固定资产发生的各项支出总和，具体包括价款、运费、保险费、包装费、安装费等。按增值税法的规定，一般纳税企业，购入机器设备、管理设备等动产时，取得增值税专用发票，发票上注明的增值税额可予抵扣，不计入固定资产成本，计作增值税的进项税额。同时规定，增值税一般纳税人2016年5月1日后取得并在会计制度上按固定资产核算的不动产，以及2016年5月1日后发生的不动产在建工程，其进项税额应按照本办法有关规定分2年从销项税额中抵扣，第一年抵扣比例为60%，第二年抵扣比例为40%。上述进项税额中，60%的部分于取得扣税凭证的当期从销项税额中抵扣；40%的部分为待抵扣进项税额，于取得扣税凭证的当月起第13个月从销项税额中抵扣。

购入不需要经过建造安装过程即可使用的固定资产，应按购入固定资产的成本，反映固定资产增加及银行存款减少或应付账款增加。若增值税可予抵扣，还应反映应交增值税（进项税额）的增加。

借：固定资产

　　应交税费—应交增值税（进项税额）

　　　　　　—待抵扣进项税额

　贷：银行存款或应付账款

【例1】甲公司（增值税一般纳税企业）购入一生产设备，取得增值税专用发票，发票上注明价款500000元，增值税80000元。甲公司另付运费，取得增值税专用发票，注明运费2000元，增值税200元；另付保险费，取得增值税专用发票，注明保险费1000元，增值税60元；另付安装费，取得增值税专用发票，注明安装费500元，增值税50元。设备已收到，投入使用，款均以银行存款支付。

固定资产成本=500000＋2000＋1000＋500=503500（元）；

增值税进项税额=80000＋200＋60＋50=80310（元）。

借：固定资产　503500

　　应交税费—应交增值税（进项税额）　80310

　贷：银行存款　583810

【例2】2018年1月1日，甲公司（增值税一般纳税企业）购入一仓库交付生产车间使用，取得增值税专用发票，发票上注明价款360000元，增值税36000元，款项已通过银行存款支付。

2018年1月1日，购入仓库时：

借：固定资产　360000

　　应交税费—应交增值税（进项税额）　21600

　　　　　　—待抵扣进项税额　14400

　贷：银行存款　396000

（三）购入需要经过建造安装过程才能使用的固定资产

购入需要经过建造过程才能使用的固定资产，取得成本为购入固定资产时发生的各项支出与建造过程中发生的各项支出的总和。

购入需要经过建造安装过程才能使用的固定资产，应通过“在建工程”账户核算固定资产总成本。

购入固定资产时，应按取得成本反映在建工程增加，银行存款减少或应付账款增加。若增值税可予抵扣，还应反映应交增值税（进项税额）增加。

借：在建工程

　　应交税费—应交增值税（进项税额）

贷：银行存款或应付账款

建造过程中，发生各项支出时，应反映在建工程增加，银行存款减少或应付账款增加。

借：在建工程

贷：银行存款或应付账款

固定资产建造完工，在建工程账面的各项支出总额，即为固定资产成本。结转工程成本，应反映在建工程减少，固定资产增加。

借：固定资产

贷：在建工程

【例3】乙公司（增值税小规模纳税企业）2018年9月购入一台大型机床，取得增值税普通发票，发票上注明价款600000元，增值税96000元。款尚未支付。乙公司以存款支付运杂费26000元。机床尚需安装。至12月安装完毕投入使用。乙公司支付安装费25000元。

机床购入时的成本=600000＋96000＋26000=722000（元）；

机床安装完毕投入使用时的成本=722000＋25000=747000（元）。

2018年乙公司购入机床时应编制如下会计分录：

借：在建工程—机床工程　　　　722000

贷：应付账款　　　　　　　　696000

银行存款　　　　　　　　26000

2018年12月乙公司支付安装费时应编制如下会计分录：

借：在建工程—机床工程　　　　25000

贷：银行存款　　　　　　　　25000

2018年12月乙公司结转工程成本时应编制如下会计分录：

借：固定资产—大型机床　　　　747000

贷：在建工程—机床工程　　　　747000

（四）投资者投入的固定资产

投资者投入的固定资产，取得成本为投资双方确认价与另付的运杂费之和。

投资者投入的固定资产，不需要经过建造安装过程即可使用，应按取得成本反映固定资产增加，按双方确认投资额反映实收资本增加，按支付的运杂费反映银行存款减少。若增值税可予抵扣，还应反映应交增值税（进项税额）增加。

借：固定资产

应交税费—应交增值税（进项税额）

贷：实收资本（双方确认价）

银行存款

投入需要经过建造安装过程才能使用的固定资产，应通过“在建工程”归集固定资产成本，建造完毕，转入固定资产。

投资者投入固定资产时，应按取得成本反映在建工程增加，按双方确认投资额反映实收资本增加，按支付的运杂费反映银行存款减少。若增值税可予抵扣，还应反映应交增值税（进项税额）增加。

借：在建工程

　　应交税费—应交增值税（进项税额）

　贷：实收资本（双方确认价）

　　　银行存款

固定资产建造过程中，发生各项支出时，应反映在建工程增加，银行存款减少或应付账款增加。

借：在建工程

　贷：银行存款或应付账款

固定资产建造完毕，结转工程成本，应按完工工程成本反映固定资产增加，在建工程减少。

借：固定资产

　贷：在建工程

【例4】丙公司（增值税一般纳税企业）2018年10月收到C公司投入的设备，双方确认价290000元，取得C公司开具的增值税专用发票，价款250000元，增值税40000元。丙公司另以银行存款支付运费，取得增值税专用发票，注明运费1300元，增值税130元；另支付安装费，取得增值税专用发票，注明安装费500元，增值税50元。设备已于当月投入使用。

投入设备的成本=250000＋1300＋500=251800（元）。

丙公司应编制如下会计分录：

借：固定资产—设备	251800	
应交税费—应交增值税（进项税额）	40180	
贷：实收资本—C公司		290000
银行存款		1980

（五）采用出包方式建造取得的固定资产

出包工程是指企业通过招标方式将工程项目发包给建造承包商，由建造承包商组织施工的建筑工程和安装工程。企业采用出包方式进行的固定资产工程，其工程的具体支出主要由建造承包商核算，在这种方式下，“在建工程”科目主要是反映企业与建造承包商办理工程价款结算的情况，企业支付给建造承包商的工程价款作为工程成本，通过“在建工程”科目核算。

企业按合理估计的发包工程进度和合同规定向建造承包商结算进度款，并由对方开具增值税专用发票，按增值税专用发票上注明的价款，借记“在建工程”科目；按增值税专用发票上注明的增值税进项税额的60%（当期可抵扣的进项税额），借记“应交税费—应交增值税（进项税额）”科目，按增值税专用发票上注明的增值税进项税额的40%（本月起第13个月可抵扣的进项税额），借记“应交税费—待抵扣进项税额”科目；应实际支付的金额，贷记“银行存款”科目。工程达到预定可使用状态时，按其成本，借记“固定资产”科目，贷记“在建工程”科目。

【例5】甲公司为增值税一般纳税企业，2017年1月1日将一幢厂房的建造工程出包给丙公司（为增值税一般纳税企业）承建，按合理估计的发包工程进度和合同规定向丙公司结算进度款，并取得丙公司开具的增值税专用发票，注明工程款600000元，税率10%，增值税税额60000元。2018年1月1日，工程完工后，收到丙公司有关工程结算单据和增值税专用发票，补付工程款并取得丙公司开具的增值税专用发票，注明工程款400000元，税率10%，增值税税额40000元。工程完工并达到预定可使用状态，甲公司应编制如下会计分录：

（1）按合理估计的发包工程进度和合同规定向丙公司结算进度款时：

借：在建工程 600 000
　　应交税费—应交增值税（进项税额）　36000
　　　　　　— 待抵扣进项税额　24000
　贷：银行存款　660000

（2）补付工程款时：

借：在建工程　400000
　　应交税费—应交增值税（进项税额）　24000
　　　　　　—待抵扣进项税额　16000
　贷：银行存款　440000

（3）工程完工并达到预定可使用状态时：

借：固定资产　1000000
　贷：在建工程　1000000

在本例中，企业取得不动产在建工程，支付的工程款，其进项税额按现行增值税制度规定，自取得之日起分2年从销项税额中抵扣的：第一年，当期可抵扣增值税进项税额为36000元，借记“应交税费—应交增值税（进项税额）”科目；第二年，当期可抵扣的增值税进项税额为24000元，借记“应交税费—应交增值税（进项税额）”科目。补付工程款，其进项税额按现行增值税制度规定，自取得之日起分2年从销项税额中抵扣的：第一年，当期可抵扣增值税进项税额为24000元，借记“应交税费—应交增值税（进项税额）”科目；第二年，当期可抵扣的增值税进项税额为16000元，借记“应交税费—应交增值税（进项税额）”科目。

三、固定资产折旧的计算及核算

（一）固定资产折旧的概念

固定资产因使用而逐渐转移的价值，称为固定资产折旧。

（二）固定资产折旧的范围

财务制度规定，除已提足折旧继续在用的固定资产和土地不需计提折旧以外，其他所有固定资产均应计提折旧。

企业一般应按月计提折旧，当月增加的固定资产，当月不计提折旧，从下月起计提折旧；当月减少的固定资产，当月照计提折旧，从下月起不计提折旧。如企业2017年5月购入并投入使用的固定资产，该固定资产2017年5月不计提折旧，从6月开始计提折旧；若该固定资产在2018年3月出售，则该固定资产在2018年3月仍需计提折旧。

（三）固定资产折旧的计算方法

固定资产折旧的计算方法有平均年限法、工作量法等，企业可根据与固定资产有关的经济利益的预期实现方式，合理选择固定资产折旧方法。折旧方法一经确定，不得随意变更。如需变更，应当在会计报表附注中予以说明。

1.有关概念

（1）固定资产原值是指固定资产的入账价值，即固定资产的取得成本。

（2）预计净残值是指取得固定资产时，预计其报废时可能获得的残值收入减去可能发生的清理费用。预计净残值率为预计净残值除固定资产原值。根据各类固定资产的正常使用情况，税法对每类固定资产的预计净残值率做出了规定：

预计净残值=预计残值收入－预计清理费=原值×预计净残值率。

（3）固定资产应计折旧额指固定资产原值减预计净残值的差额，即固定资产在预计使用年限内应计提的折旧总额。

固定资产应计折旧额=原值－预计净残值。

（4）固定资产净值指固定资产原值减累计折旧的差额。

固定资产净值=原值－累计折旧。

2.平均年限法

平均年限法又称直线法，是指将固定资产的应计折旧额平均分摊到各期费用中的一种折旧计算方法。采用这种方法计算的每期折旧额是相等的。

计算公式如下：

年折旧率=（1－预计净残值率）÷预计使用寿命；

月折旧率=年折旧率÷12；

月折旧额=固定资产原值×月折旧率。

【例6】一台机器，原值40000元，使用年限为5年，预计净残值率为2.5%。

年折旧率=（1－2.5%）÷5=19.5%；

月折旧率=19.5%÷12=1.625%；

月折旧额=40000×1.625%=650（元）。

3.工作量法

工作量法是指根据固定资产实际工作量计算每期应提折旧额的一种方法。采用这种方法计算的每期折旧额因实际工作量不同而不等。

计算公式如下：

单位工作量折旧额=应计折旧额÷预计的工作总量；

月折旧额=当月的工作量×单位工作量折旧额。

【例7】某企业一机床，原值150000元，预计可使用400000小时，预计净残值率为5%。该机床本月工作量为5000小时。

每小时折旧额=（150000－150000×5%）÷400000=0.35625（元）；

本月折旧额=5000×0.35625=1781.25（元）。

（四）计提折旧的核算

车间固定资产的折旧费应计入“制造费用”，行政管理部门固定资产的折旧费应计入“管理费用”。

每月计提折旧应反映制造费用、管理费用增加及累计折旧增加。

借：制造费用

　　管理费用

　贷：累计折旧

四、固定资产的处置

企业应设置“固定资产清理”账户进行固定资产清理损益的核算。该账户为资产类账户。借方登记出售及报废固定资产的净值和清理过程中发生的清理费用；贷方登记清理过程中产生的各项收入，如出售价款、残料收入、保险赔款等。清理业务结束后，该账户的借方余额为清理净损失，贷方余额为清理净收益。该账户应按清理固定资产的名称开设明细账，进行明细核算。明细账一般采用三栏式账页。

企业应设置“营业外收入”账户进行利得的核算。利得为非日常活动产生的经济利益的净流入。利得的核算可分为直接计入当期损益和直接计入所有者权益两种。其中直接计入当期损益的利得需通过本账户核算。该账户为损益类中的收入类账户。确认利得实现，表示营业外收入增加，记该账户的贷方；期末将本期营业外收入结转到本年利润账户，表示营业外收入的减少，记该账户的借方。期末无余额。该账户应按营业外收入的种类设置明细账，进行明细核算。明细账一般采用三栏式账页。

企业应设置“营业外支出”账户进行损失的核算。损失为非日常活动产生的经济利益的净流出。同利得相同，损失的核算也分为直接计入当期损益和直接计入所有者权益两种。其中直接计入当期损益的损失需通过本账户核算。该账户为损益类中的费用类账户。确认损失，表示营业外支出增加，记该账户的借方；期末将本期营业外支出结转到本年利润账户，表示营业外支出的减少，记该账户的减少。期末无余额。该账户应按营业外支出的种类设置明细账，进行明细核算。明细账一般采用三栏式账页。

企业应设置“资产处置损益”账户进行固定资产和无形资产等因出售、转让等原因，产生的处置利得或损失。该账户为损益类科目，发生处置净损失的，借记“资产处置损益”，如为净收益，则贷记“资产处置损益”。

企业固定资产报废时，首先应将固定资产转入清理。清理过程中，进行清理费用及清理收入的核算。清理完毕，计算净损失，转入营业外支出；净收益，转入营业外收入。

企业出售固定资产时，首先应将固定资产转入清理。清理过程中，进行清理费用及清理收入的核算。清理完毕，计算净损益，转入资产处置损益。

1.固定资产转入清理

固定资产转入清埋，应按出售或报废固定资产的净值反映“固定资产清理”的增加，按原值反映“固定资产”的减少，按累计已提折旧反映“累计折旧”的减少。

借：固定资产清理（净值）

　　累计折旧

　贷：固定资产

2.确认出售收入

确认固定资产出售收入，应按出售价款反映“银行存款”（款已收）或“应收账款”（款尚未收到）的增加，同时反映固定资产清理收入的增加。

借：银行存款或其他应收款

　贷：固定资产清理

　　　应交税费—应交增值税（销项税额）

3.确认残料收入

确认固定资产残料收入，应按残料收入反映“银行存款”（已售）或“原材料”（已入库尚未出售）的增加，同时反映固定资产清理收入的增加。

借：银行存款或原材料

　贷：固定资产清理

　　　应交税费—应交增值税（销项税额）

4.发生清理费

发生清理费，应反映清理支出的增加，同时反映“银行存款”的减少（款已付）或“其他应付款”的增加（款尚未支付）。

借：固定资产清理

　　应交税费—应交增值税（进项税额）

　贷：银行存款或其他应付款

5.结转清理净损益

固定资产清理完毕，若“固定资产清理”账户为借方余额，表示清理净损失；若“固定资产清理”账户为贷方余额，表示清理净收入。

结转报废固定资产清理净损失，是指将固定资产清理净损失转入营业外支出，表示营业外支出增加，固定资产清理净损失减少。结转后“固定资产清理”账户无余额。

借：营业外支出

　贷：固定资产清理

结转报废固定资产清理净收益，是指将固定资产清理净收益转入营业外收入，表示营业外收入增加，清理净收益减少。结转后，“固定资产清理”账户无余额。

借：固定资产清理

　贷：营业外收入

结转出售固定资产净损益，是指将固定资产出售净损益转入资产处置损益。结转后，“固定资产清理”账户无余额。

【例8】某企业一台机器报废，该机器原值130000元，累计已提折旧124000元。回收残料入库，价值3000元。企业另以现金支付清理费，取得增值税专用发票，注明的装卸费400元，增值税24元。

转入清理时编制如下会计分录：

借：固定资产清理—机器	6000	
累计折旧	124000	
贷：固定资产—机器		130000

收到残料入库时编制如下会计分录：

借：原材料	3000	
贷：固定资产清理—机器		3000

支付清理费用时编制如下会计分录：

借：固定资产清理—机器	400	
应交税费—应交增值税（进项税额）	24	
贷：库存现金		424

结转清理净损失时编制如下会计分录：

借：营业外支出—固定资产报废损失	3400	
贷：固定资产清理—机器		3400

【例9】某公司出售一辆小汽车（固定资产），该汽车原值90000元，累计已提折旧54000元，开出增值税专用发票，注明售价45000元，增值税7200元，款已收到，存入银行。

转入清理时编制如下会计分录：

借：固定资产清理—小汽车	36000	

累计折旧　　　　　　　　　　54000
　贷：固定资产—小汽车　　　　　　　　90000

收到出售款时编制如下会计分录：

借：银行存款　　　　　　　　　52200
　贷：固定资产清理—小汽车　　　　　　45000
　　　应交税费—应交增值税（销项税额）　7200

结转清理净收入编制如下会计分录：

借：固定资产清理—小汽车　　　　9000
　贷：资产处置损益—出售固定资产净收入　9000

第六讲　负债的核算

一、短期借款的核算

短期借款是企业向银行或其他金融机构借入的期限在1年以下（含1年）的各种借款。

企业应设置“短期借款”账户进行短期借款本金的核算。该账户为负债类账户。企业收到短期借款时，表示短期借款的增加，记该账户贷方；借款到期归还借款本金，表示短期借款减少，记该账户借方；期末余额在贷方，表示尚未偿还的短期借款本金。该账户应按借款银行名称开设明细账，进行明细核算。明细账一般采用三栏式账页。

企业应设置“应付利息”账户进行已计提尚未支付的利息的核算。该账户为负债类账户。企业计提本期应负担但不需要在本期支付的利息费用，表示应付利息的增加，记该账户贷方；支付已计提的利息费用时，表示应付利息的减少，记该账户借方；期末余额在贷方，表示已计提、尚未支付的利息费用。该账户应按应付利息的种类设置明细账，进行明细核算。明细账一般采用三栏式账页。

企业应设置“财务费用”账户进行财务费用的核算。财务费用是指企业因筹集资金发生的各项费用，如利息费用、借款手续费、结算手续费等。发生财务费用时，表示财务费用的增加，记该账户借方；期末应将本期归集的财务费用转入本年利润账户，表示财务费用的减少，记该账户贷方；期末无余额。该账户应按财务费用的种类设置多栏式明细账，进行明细核算。

（1）企业收到短期借款时，应按借款本金，反映“短期借款”的增加，同时反映“银行存款”的增加。

借：银行存款
　贷：短期借款

（2）若短期借款利息按月支付，每月末支付利息时，应反映“财务费用”的增加,同时反映“银行存款”的减少。

借：财务费用

　贷：银行存款

（3）若短期借款利息按季于每季末支付，或到期随本金一起支付，但金额较小，可不按月计提，支付时直接计入当月财务费用。

借：财务费用

　贷：银行存款

（4）若短期借款利息按季于季末支付，或到期随本金一起支付，但金额较大，应采用计提方式核算利息费用。

按月计提利息费用时，应反映“财务费用”的增加，同时应反映“应付利息”的增加。

借：财务费用

　贷：应付利息

季末或到期付息时，应按已计提的利息费用反映“应付利息”的减少，按未提的利息费用反映“财务费用”的增加，同时应按支付的利息总额反映“银行存款”的减少。

借：应付利息

　　财务费用

　贷：银行存款

（5）归还借款本金时，应反映“短期借款”的减少，同时反映“银行存款”的减少。

借：短期借款

　贷：银行存款

【例1】某公司2018年2月1日从工商银行借入期限为4个月的借款300000元，存入银行。按借款合同规定，借款年利率为5%，利息按季于季末支付。未付利息到期随本金一起支付。公司采用预提方式核算利息费用。

2月1日收到借款时编制如下会计分录：

借：银行存款　　　　300000

　贷：短期借款—工商银行　　　　300000

2月末计提利息费用时编制如下会计分录：

2月应计提利息费用=300000×5%÷12=1250（元）。

借：财务费用　　　　1250

　贷：应付利息　　　　1250

3月末支付本季度利息时编制如下会计分录：

借：财务费用　　　　1250

　　应付利息　　　　1250

贷：银行存款 2500

4月末还本付息时编制如下会计分录：

借：短期借款—工商银行 300000

财务费用 1250

贷：银行存款 301250

二、长期借款的核算

长期借款是指企业向银行或金融机构借入的，偿还期限在1年以上的各种借款。

企业应设置“长期借款”账户进行长期借款的核算。该账户为负债类账户。企业取得长期借款，每年末计提长期借款利息时，表示长期借款的增加，记该账户贷方；借款到期，还本付息时，表示长期借款的减少，记该账户借方；期末余额在贷方，表示尚未支付的长期借款的本金及已提的利息。该账户应按借款银行名称开设明细账，进行明细核算。明细账一般采用三栏式账页。

1.收到长期借款

企业收到长期借款，应按收到的借款本金，反映长期借款的增加，贷记“长期借款”；同时反映银行存款的增加，借记“银行存款”。

借：银行存款

贷：长期借款

2.计提长期借款利息

如果长期借款利息到期时同本金一起支付，按财务制度的规定，企业应按年于每年年末计提本年长期借款的利息费用，计入长期借款。年末计提长期借款本年的利息时，应反映财务费用的增加，借记“财务费用”；同时应反映长期借款的增加，贷记“长期借款”。

借：财务费用

贷：长期借款

3.按期支付长期借款利息

如果长期借款利息按期支付，如每年末、每半年末等，企业可在支付利息时，直接计入财务费用，不需按月计提。支付利息时，反映财务费用的增加，借记“财务费用”；同时反映银行存款减少，贷记“银行存款”。

借：财务费用

贷：银行存款

应注意的是，支付期不是年末，企业仍应在年末计提本年应负担的利息费用，计提的利息形成流动负债，计作应付利息。计提时，反映财务费用增加，借记“财务费用”；同时反映应付利息的增加，贷记“应付利息”。

4.到期还本付息

借款到期还本付息时，应反映长期借款本息的减少，借记“长期借款”；同时反映银行存款的减少，贷记“银行存款”。

借：长期借款

贷：银行存款

【例2】某公司2015年1月1日从建设银行借入期限为3年，年利率为8%的到期还本付息的借款200000元，存入银行。

2015年1月1日收到借款时编制如下会计分录：

借：银行存款　　200000

贷：长期借款—建设银行　　200000

2015年末、2016年末及2017年末计提利息时编制如下会计分录：

每年末应计提利息费用=200000×8%=16000（元）。

借：财务费用　　16000

贷：长期借款—建设银行　　16000

2018年1月1日借款到期还本付息时编制如下会计分录：

应付利息总额=16000×3=48000（元）。

借：长期借款—建设银行　　248000

贷：银行存款　　248000

【例3】某公司2016年5月1日从中国银行借入期限为2年，年利率为6%的到期还本按年于每年末付息的借款100000元，存入银行。

2016年5月1日收到借款时编制如下会计分录：

借：银行存款　　100000

贷：长期借款—中国银行　　100000

2016年末支付利息时编制如下会计分录：

2016年应支付利息=100000×6%÷12×8=4000（元）。

借：财务费用　　4000

贷：银行存款　　4000

2017年末支付利息时编制如下会计分录：

2017年应支付利息=100000×6%=6000（元）。

借：财务费用　　6000

贷：银行存款　　6000

2018年5月1日借款到期还本付息时编制如下会计分录：

应付利息总额=100000×6%÷12×4=2000（元）。

借：长期借款—中国银行　　100000

财务费用　　2000

贷：银行存款　　102000

【例4】某公司2016年3月1日从工商银行借入80000元，期限为2年，年利率为

6%，到期还本，每半年支付一次利息。

2016年3月1日收到借款时编制如下会计分录：

借：银行存款　　　　　　　　80000

　贷：长期借款—工商银行　　　　　　80000

2016年9月1日支付利息时编制如下会计分录：

应付利息=80000×6%÷2=2400（元）。

借：财务费用　　　　　　　　2400

　贷：银行存款　　　　　　　　　　2400

2016年12月31日计提利息时编制如下会计分录：

应计提利息费用=80000×6%÷12×4=1600（元）。

借：财务费用　　　　　　　　1600

　贷：应付利息　　　　　　　　　　1600

2017年3月1日支付利息时编制如下会计分录：

应付利息=80000×6%÷2=2400（元）；

已提利息费用=1600（元）。

借：财务费用　　　　　　　　800

　　应付利息　　　　　　　　1600

　贷：银行存款　　　　　　　　　　2400

2017年9月1日支付利息应编制如下会计分录：

借：财务费用　　　　　　　　2400

　贷：银行存款　　　　　　　　　　2400

2017年12月31日计提利息应编制如下会计分录：

借：财务费用　　　　　　　　1600

　贷：应付利息　　　　　　　　　　1600

2018年3月1日到期还本付息应编制如下会计分录：

借：长期借款—工商银行　　　80000

　　应付利息　　　　　　　　1600

　　财务费用　　　　　　　　800

　贷：银行存款　　　　　　　　　　82400

三、应付职工薪酬的核算

应付职工薪酬是指企业应付给职工的工资、福利、社会保险费、住房公积金等各种薪酬，其中工资包括基本工资、奖金、津贴、补贴等。

企业应设置“应付职工薪酬”账户进行应付职工薪酬的核算。该账户为负债类账户。企业分配职工薪酬时，表示应付职工薪酬的增加，记该账户的贷方；支付各项职工薪酬时，表示应付职工薪酬的减少，记该账户的借方；该账户余额一般在贷方，表示应付未付的职工薪酬。该账户可按“工资、奖金、津贴和补贴”“职工福利费”“社会保险费”“住房公积金”“工会经费”“职工教育经费”等设置明细账，进行明细核算。

1.月末分配工资费用的核算

借：生产成本

　　制造费用

　　管理费用

　贷：应付职工薪酬—工资、奖金、津贴和补贴

2.发放工资的核算

借：应付职工薪酬—工资、奖金、津贴和补贴

　贷：库存现金或银行存款

3.结转代扣款、个人所得税的核算

借：应付职工薪酬—工资、奖金、津贴和补贴

　贷：其他应付款

　　　应交税费—应交个人所得税

【例5】甲公司2018年12月工资费用分配表（表1-7）及工资发放表（表1-8）如下：

表1-7　工资费用分配表

单位：元

类别＼应借科目		生产成本	制造费用	管理费用	合　计
生产人员	张三	5800			5800
	李四	3900			3900
	…	…	…	…	…
	小计	129800			129800
生产管理人员	王五		3500		3500
	赵六		3100		3100
	…	…	…	…	…
	小计		56700		56700
经营管理人员	周七			4600	4600
	钱八			4500	4500
	…	…	…	…	…
	小计			89400	89400
合计		129800	56700	89400	275900

表1-8　工资发放表

单位：元

项目 / 姓名	应付工资	代扣社会保险金				个人所得税	实发工资
		养老保险	医疗保险	失业保险	小　计		
张三	5800	460	116	58	634	115	5051
李四	3900	310	78	39	427	20	3453
王五	3500	280	70	35	385	0	3115
赵六	3100	248	60	31	339	0	2761
周七	4600	368	92	46	506	55	4039
钱八	4500	360	90	45	495	50	3955
…	…	…	…	…	…	…	…
合计	275900	22072	5518	2759	30349	3980	241571

根据工资费用分配表，甲公司应编制如下会计分录：

借：生产成本　　　　　　　129800
　　制造费用　　　　　　　　56700
　　管理费用　　　　　　　　89400
　贷：应付职工薪酬—工资　　　　　275900

根据工资发放表，甲公司应编制如下会计分录：

借：应付职工薪酬—工资　　275900
　贷：其他应付款　　　　　　　　　30349
　　　应交税费—应交个人所得税　　　3980
　　　银行存款　　　　　　　　　　241571

四、应交税费的核算

企业根据税法规定应交纳的各种税费包括：增值税、消费税、城市维护建设税、资源税、企业所得税、土地增值税、房产税、车船税、土地使用税、教育费附加、矿产资源补偿费、印花税、耕地占用税、契税等。

企业应通过“应交税费”科目，核算各种税费的应交、交纳等情况。该科目贷方登记应交纳的各种税费等，借方登记实际交纳的税费；期末余额一般在贷方，反映企业尚未交纳的税费，期末余额如在借方，反映企业多交或尚未抵扣的税费。本科目按应交税费项目设置明细科目，进行明细核算。

企业代扣代交的个人所得税，也通过“应交税费”科目核算，而企业交纳的印花税、耕地占用税等不需要预计应交数的税金，不通过“应交税费”科目核算。

(一) 应交增值税

1.增值税概述

增值税是以商品（含应税劳务、应税行为）在流转过程中实现的增值额作为计税依据而征收的一种流转税。按照我国现行增值税制度的规定，在我国境内销售货物、加工修理修配劳务、服务、无形资产和不动产以及进口货物的企业、单位和个人为增值税的纳税人。其中，“服务”是指提供交通运输服务、建筑服务、邮政服务、电信服务、金融服务、现代服务、生活服务等。根据经营规模大小及会计核算水平的健全程度，增值税纳税人分为一般纳税人和小规模纳税人。计算增值税的方法分为一般计税方法和简易计税方法。

一般纳税人是指年应税销售额超过财政部、国家税务总局规定标准的增值税纳税人。小规模纳税人是指年应税销售额未超过规定标准，并且会计核算不健全，不能够提供准确税务资料的增值税纳税人。

增值税的一般计税方法，是先按当期销售额和适用的税率计算出销项税额，然后以该销项税额对当期购进项目支付的税款（进项税额）进行抵扣，间接算出当期的应纳税额。应纳税额的计算公式：

应纳税额=当期销项税额-当期进项税额。

公式中的“当期销项税额”是指纳税人当期销售货物、加工修理修配劳务、服务、无形资产和不动产时按照销售额和增值税税率计算并收取的增值税税额。其中，销售额是指纳税人销售货物、加工修理修配劳务、服务、无形资产和不动产，向购买方收取的全部价款和价外费用，但是不包括收取的销项税额。当期销项税额的计算公式：

销项税额=销售额×增值税税率。

公式中的“当期进项税额”是指纳税人购进货物、加工修理修配劳务、应税服务、无形资产或者不动产，支付或者负担的增值税税额。下列进项税额准予从销项税额中抵扣：(1）从销售方取得的增值税专用发票（含税控机动车销售统一发票，下同）上注明的增值税税额。(2）从海关进口增值税专用交款书上注明的增值税税额。(3）购进农产品，除取得增值税专用发票或者海关进口增值税专用交款书外，按照农产品收购发票或者销售发票上注明的农产品买价和10%的扣除率计算的进项税额；如用于生产销售或委托加工16%税率的农产品，按照农产品收购发票或者销售发票上注明的农产品买价和12%的扣除率计算的进项税额。(4）从境外单位或者个人购进服务、无形资产或者不动产，从税务机关或者扣缴义务人取得的解缴税款的完税凭证上注明的增值税额。(5）一般纳税人支付的道路、桥、闸通行费，凭取得的通行费发票上注明的收费金额和规定的方法计算的可抵扣的增值税进项税额。

当期销项税额小于当期进项税额不足抵扣时，其不足部分可以结转下期继续抵扣。

一般纳税人采用的税率分为16%、10%、6%和零税率。

一般纳税人销售货物、劳务、有形动产租赁服务或者进口货物，税率为16%。

一般纳税人销售或者进口粮食等农产品、食用植物油、食用盐、自来水、暖气、冷气、热水、煤气、石油液化气、天然气、二甲醚、沼气、居民用煤炭制品、图书、报纸、杂志、音像制品、电子出版物、饲料、化肥、农药、农机、农膜以及国务院及其有关部门规定的其他货物，税率为10%；提供交通运输、邮政、基础电信、建筑、不动产租赁服务，销售不动产，转让土地使用权，税率为10%；其他应税行为，税率为6%。

一般纳税人出口货物，税率为零；但是，国务院另有规定的除外。境内单位和个人发生的跨境应税行为税率为零，具体范围由财政部和国家税务总局另行规定。

增值税的简易计税方法是按照销售额与征收率的乘积计算应纳税额，不得抵扣进项税额。应纳税额的计算公式：

应纳税额=销售额×征收率。

公式中的销售额不包括其应纳税额，如果纳税人采用销售额和应纳税额合并定价方法的，应按照公式“销售额=含税销售额÷（1+征收率）”还原为不含税销售额计算。

增值税一般纳税人计算增值税大多采用一般计税方法；小规模纳税人一般采用简易计税方法；一般纳税人发生财政部和国家税务总局规定的特定应税销售行为，也可以选择简易计税方式计税，但是不得抵扣进项税额。

采用简易计税方式的增值税征收率为3%，国家另有规定的除外。

2.一般纳税人的账务处理

为了核算企业应交增值税的发生、抵扣、交纳、退税及转出等情况，增值税一般纳税人应当在“应交税费”科目下设置“应交增值税”“未交增值税”“预交增值税”“待抵扣进项税额”“待认证进项税额”“待转销项税额”“增值税留抵税额”“简易计税”“转让金融商品应交增值税”“代扣代交增值税”等明细科目。

（1）“应交增值税”明细科目，核算一般纳税人进项税额、销项税额抵减、已交税金、转出未交增值税、减免税款、出口抵减内销产品应纳税额、销项税额、出口退税、进项税额转出、转出多交增值税等情况。该明细账设置以下专栏：①“进项税额”专栏，记录一般纳税人购进货物、加工修理修配劳务、服务、无形资产或不动产而支付或负担的、准予从当期销项税额中抵扣的增值税额；②“销项税额抵减”专栏，记录一般纳税人按照现行增值税制度规定因扣减销售额而减少的销项税额；③“已交税金”专栏，记录一般纳税人当月已交纳的应交增值税额；④“转出未交增值税”和“转出多交增值税”专栏，分别记录一般纳税人月度终了转出当月应交未交或多交的增值税额；⑤“减免税款”专栏，记录一般纳税人按现行增值税制度规定准予减免的增值税额；⑥“出口抵减内销产品应纳税额”专栏，记录实行“免、抵、退”办法的一般纳税人按规定计算的出口货物的进项税抵减内销产品的应纳税额；⑦“销项税额”专栏，记录一般纳税人销售货物、加工修理修配劳务、服务、无形资产或不动产应收取的增值税额；⑧“出口退税”专栏，记录一般纳税人出口货物、加工修理修配劳务、服务、无形资产按规定退回的增值税额；⑨“进项税额转出”专栏，记录一般纳税人购进货物、加工修理修配劳务、服务、无形资产或不动产等发生非正常损失以及其他原因而不应从销项税额中抵扣、按规定转出的进项税额。

（2）“未交增值税”明细科目，核算一般纳税人月度终了从“应交增值税”或“预交增值税”明细科目转入当月应交未交、多交或预交的增值税额，以及当月交纳以前期间未交的增值税额。

（3）“预交增值税”明细科目，核算一般纳税人转让不动产、提供不动产经营租赁服务、提供建筑服务、采用预收款方式销售自行开发的房地产项目等，以及其他按现行增值税制度规定应预交的增值税额。

（4）“待抵扣进项税额”明细科目，核算一般纳税人已取得增值税扣税凭证并经税务机关认证，按照现行增值税制度规定准予以后期间从销项税额中抵扣的进项税额。

（5）“待认证进项税额”明细科目，核算一般纳税人由于未经税务机关认证而不得从当期销项税额中抵扣的进项税额。包括：一般纳税人已取得增值税扣税凭证，按照现行增值税制度规定准予从销项税额中抵扣，但尚未经税务机关认证的进项税额；一般纳税人已申请稽核但尚未取得稽核相符结果的海关交款书进项税额。

（6）“待转销项税额”明细科目，核算一般纳税人销售货物、加工修理修配劳务、服务、无形资产或不动产，已确认相关收入（或利得）但尚未发生增值税纳税义务而需于以后期间确认为销项税额的增值税额。

（7）“简易计税”明细科目，核算一般纳税人采用简易计税方法发生的增值税计提、扣减、预交、交纳等业务。

（8）“转让金融商品应交增值税”明细科目，核算增值税纳税人转让金融商品发生的增值税额。

（9）“代扣代交增值税”明细科目，核算纳税人购进在境内未设经营机构的境外单位或个人在境内的应税行为代扣代缴的增值税。

【例6】甲公司为增值税一般纳税人，适用的增值税税率为16%，原材料按实际成本核算，销售商品价格为不含增值税的公允价格。2018年6月发生交易或事项以及相关的会计分录如下：

①6月5日，购入一批原材料，增值税专用发票上注明的价款为120000元，增值税税额为19200元，材料尚未到达，全部款项已用银行存款支付。

借：在途物资　　120000

　　应交税费—应交增值税（进项税额）　　19200

　贷：银行存款　　139200

②6月10日，收到5日购入的原材料并验收入库，实际成本总额为120000元。同日，与运输公司结清运输费用，增值税专用发票上注明的运输费用为5000元，增值税税额为500元，运输费用和增值税税额已用转账支票付讫。

借：原材料　　　　　　　　　　　　　　　125000

应交税费—应交增值税（进项税额）　　500

贷：银行存款　　　　　　　　　　　　　　5500

在途物资　　　　　　　　　　　　　　120000

③6月15日，购入不需要安装的生产设备一台，增值税专用发票上注明的价款为30000元，增值税税额为4800元，款项尚未支付。

借：固定资产　　　　　　　　　　　　　　30000

应交税费—应交增值税（进项税额）　　4800

贷：应付账款　　　　　　　　　　　　　　34800

【例7】2018年6月10日，该公司购进一幢简易办公楼作为固定资产核算，并于当月投入使用。取得增值税专用发票并通过认证，增值税专用发票上注明的价款为3000000元，增值税税额为480000元，款项已用银行存款支付。不考虑其他相关因素。

该办公楼2018年6月可抵扣的增值税进项税额=480000×60% =288000（元）。

借：固定资产　　　　　　　　　　　　　3000000

应交税费—应交增值税（进项税额）　　288000

—待抵扣进项税额　　192000

贷：银行存款　　　　　　　　　　　　　3480000

2019年6月允许抵扣剩余的增值税进项税额时，编制如下会计分录：

借：应交税费—应交增值税（进项税额）　　192000

贷：应交税费—待抵扣进项税额　　　　　192000

【例8】2018年6月份，甲公司发生进项税额转出事项如下：

①6月10日，库存材料因管理不善发生火灾损失，材料实际成本为20000元，相关增值税专用发票上注明的增值税税额为3200元。甲公司将毁损库存材料作为待处理财产损溢入账。

借：待处理财产损溢—待处理流动资产损溢　23200

贷：原材料　　　　　　　　　　　　　　　20000

应交税费—应交增值税（进项税额转出）　3200

②6月18日，领用一批外购原材料用于集体福利，该批原材料的实际成本为60000元，相关增值税专用发票上注明的增值税税额为9600元。

借：应付职工薪酬—职工福利费　　　　　69600

贷：原材料　　　　　　　　　　　　　　　60000

应交税费—应交增值税（进项税额转出）　9600

【例9】2018年6月，甲公司发生与销售相关的交易或事项如下：

①6月15日，销售产品一批，开具增值税专用发票上注明的价款为1000000元，增值税税额为160000元，提货单和增值税专用发票已交给买方，款项尚未收到。

借：应收账款　　　　　　　　　　　　　　1160000

　贷：主营业务收入　　　　　　　　　　　　　　1000000

　　　应交税费—应交增值税（销项税额）　　　　　160000

②6月28日，为外单位代加工电脑桌500个，每个收取加工费80元，已加工完成。开具的增值税专用发票上注明的价款为40000元，增值税税额为6400元，款项已收到并存入银行。

借：银行存款　　　　　　　　　　　　　　46400

　贷：主营业务收入　　　　　　　　　　　　　　40000

　　　应交税费—应交增值税（销项税额）　　　　　6400

【例10】2018年6月，甲公司当月发生增值税销项税额合计为326400元，增值税进项税额转出合计为36800元，增值税进项税额合计为359700元。甲公司当月应交增值税计算结果如下：

当月应交增值税=326400+36800-359700=3500（元）。

6月30日假设甲公司用银行存款交纳当月增值税税款3000元，甲公司编制如下会计分录：

借：应交税费—应交增值税（已交税金）　　　　3000

　贷：银行存款　　　　　　　　　　　　　　　　3000

【例11】2018年6月30日，甲公司将尚未交纳的其余增值税税款500元进行转账。甲公司编制如下会计分录：

借：应交税费—应交增值税（转出未交增值税）　　500

　　贷：应交税费—未交增值税　　　　　　　　　　500

7月份，甲公司交纳6月份未交增值税500元时，编制如下会计分录：

借：应交税费—未交增值税　　　　　　　　　　500

　贷：银行存款　　　　　　　　　　　　　　　　500

3.小规模纳税人的账务处理

小规模纳税人核算增值税采用简化的方法，即购进货物、应税劳务或应税行为，取得增值税专用发票上注明的增值税，一律不予抵扣，直接计入相关成本费用或资产。小规模纳税人销售货物、应税劳务或应税行为时，按照不含税的销售额和规定的增值税征收率计算应交纳的增值税（应纳税额），但不得开具增值税专用发票。

一般来说，小规模纳税人采用销售额和应纳税额合并定价的方法并向客户结算款项，销售货物、应税劳务或应税行为后，应进行价税分离，确定不含税的销售额。不含税的销售额计算公式：

不含税销售额=含税销售额÷（1+征收率）；

应纳税额=不含税销售额×征收率。

小规模纳税人进行账务处理时，只需在“应交税费”科目下设置“应交增值税”明细科目，该明细科目不再设置增值税专栏。“应交税费—应交增值税”科目贷方登记应交纳的增值税，借方登记已交纳的增值税；期末贷方余额，反映小规模纳税人尚未交纳的增值税，期末借方余额，反映小规模纳税人多交纳的增值税。

小规模纳税人购进货物、服务、无形资产或不动产，按照应付或实际支付的全部款项（包括支付的增值税额），借记“材料采购”“在途物资”“原材料”“库存商品”等科目，贷记“应付账款”“应付票据”“银行存款”等科目；销售货物、服务、无形资产或不动产，应按全部价款（包括应交的增值税额），借记“银行存款”等科目，按不含税的销售额，贷记“主营业务收入”等科目，按应交增值税额，贷记“应交税费—应交增值税”科目。

【例12】某企业为增值税小规模纳税人，适用增值税征收率为3%，原材料按实际成本核算。该企业发生经济交易如下：购入一批原材料，取得的增值税专用发票上注明的价款为30000元，增值税税额为4800元，款项以银行存款支付，材料已验收入库。销售一批产品，开具的普通发票上注明的货款（含税）为51500元，款项已存入银行。用银行存款交纳增值税1500元。该企业应编制如下会计分录：

①购入原材料：

借：原材料　　　　　　　　　34800

　贷：银行存款　　　　　　　　　34800

②销售产品：

借：银行存款　　　　　　　　51500

　贷：主营业务收入　　　　　　　50000

　　　应交税费—应交增值税　　　　1500

不含税销售额=含税销售额÷（1+征收率）=51500÷（1+3%）=50000（元）；

应纳增值税=不含税销售额×征收率=50000×3%=1 500（元）。

③交纳增值税：

借：应交税费—应交增值税　　　1500

　贷：银行存款　　　　　　　　　1500

（二）应交消费税

1.消费税概述

消费税是指在我国境内生产、委托加工和进口应税消费品的单位和个人，按其流转额交纳的一种税。消费税有从价定率、从量定额、从价定率和从量定额复合计税（简称复合计税）三种征收方法。采取从价定率方法征收的消费税，以不含增值税的销售额为税基，按照税法规定的税率计算。企业的销售收入包含增值税的，应将其换算为不含增值税的销售额。采取从量定额计征的消费税，按税法确定的企业应税消费品的数量和单位应税消费品应交纳的消费税计算确定。采取复合计税计征的消费税，由以不含增值税的销售额为税基，按照税法规定的税率计算的消费税和根据税法确定的企业应税消费品的数量和单位应税消费品应交纳的消费税计算的消费税合计确定。

2.应交消费税的账务处理

企业应在“应交税费”科目下设置“应交消费税”明细科目，核算应交消费税的发生、交纳情况。该科目贷方登记应交纳的消费税，借方登记已交纳的消费税，期末贷方余额，反映企业尚未交纳的消费税，期末借方余额，反映企业多交纳的消费税。

（1）销售应税消费品

企业销售应税消费品应交的消费税，应借记“税金及附加”科目，贷记“应交税费—应交消费税”科目。

【例13】甲企业销售所生产的化妆品，价款1000000元（不含增值税），开具的增值税专用发票上注明的增值税税额为160000元，适用的消费税税率为30%，款项已存入银行。甲公司应编制如下会计分录：

取得价款和税款时：

借：银行存款　　　　　　　　　　1160000
　贷：主营业务收入　　　　　　　　　　1000000
　　　应交税费—应交增值税（销项税额）　160000

计算应交纳的消费税：

应纳消费税额=1000000×30% =300000（元）。

借：税金及附加　　　　　　　　　300000
　贷：应交税费—应交消费税　　　　　　300000

（2）自产自用应税消费品

企业将生产的应税消费品用于在建工程等非生产机构时，按规定应交纳的消费税，借记“在建工程”等科目，贷记“应交税费—应交消费税”科目。

【例14】乙企业在建工程领用自产柴油，成本为50000元，应纳消费税6000元。不考虑其他相关税费。乙企业应编制如下会计分录：

借：在建工程　　　　　　　　　　56000
　贷：库存商品　　　　　　　　　　　　50000
　　　应交税费—应交消费税　　　　　　6000

【例15】丙企业下设的职工食堂享受企业提供的补贴，本月领用一批自产产品，该产品的账面成本20000元，市场价格30000元，适用的增值税税率为16%，消费税税率为10%。丙企业应编制如下会计分录：

借：应付职工薪酬—职工福利费　　34800
　　税金及附加　　　　　　　　　3000
　贷：主营业务收入　　　　　　　　　　30000
　　　应交税费—应交增值税（销项税额）　4800
　　　　　　　—应交消费税　　　　　　　3000

借：主营业务成本　　　　　　　　20000

　贷：库存商品　　　　　　　　　　20000

（三）应交城市维护建设税

城市维护建设税是以增值税和消费税为计税依据征收的一种税。其纳税人为交纳增值税和消费税的单位和个人，以纳税人实际纳的增值税和消费税税额为计税依据，并分别与两项税金同时交纳。税率因纳税人所在地不同为1%～7%不等。公式为：

应纳税额=（应交增值税+应交消费税）×适用税率。

企业按规定计算出应交纳的城市维护建设税，借记“税金及附加”等科目，贷记“应交税费—应交城市维护建设税”科目。交纳城市维护建设税，借记“应交税费—应交城市维护建设税”科目，贷记“银行存款”科目。

【例16】甲企业本期实际应交增值税510000元、消费税240000元，适用的城市维护建设税税率为7%。甲企业应编制如下会计分录：

计算应交城市维护建设税：

借：税金及附加　　　　　　　　52500

　贷：应交税费—应交城市维护建设税　　　　52500

应交的城市维护建设税=（510000＋240000）×7% =52500（元）。

用银行存款交纳城市维护建设税：

借：应交税费—应交城市维护建设税　　52500

　贷：银行存款　　　　　　　　　　52500

（四）应交教育费附加

教育费附加是指为了加快发展地方教育事业、扩大地方教育经费资金来源而向企业征收的附加费用。教育费附加以各单位实际交纳的增值税、消费税的税额为计征依据，按其一定比例分别与增值税、消费税同时交纳。企业按规定计算出应交纳的教育费附加，借记“税金及附加”等科目，贷记“应交税费—应交教育费附加”科目。

【例17】甲企业按税法规定计算，2018年第四季度应交纳教育费附加300000元。款项已经用银行存款支付。甲企业应编制如下会计分录：

计算应交纳的教育费附加：

借：税金及附加　　　　　　　　300000

　贷：应交税费—应交教育费附加　　　　300000

交纳教育费附加：

借：应交税费—应交教育费附加　　　300000

　贷：银行存款　　　　　　　　　　300000

第七讲　所有者权益的核算

一、所有者权益的概念与内容

所有者权益是指企业资产扣除负债后由所有者享有的剩余权益。公司所有者权益又称为股东权益。所有者权益具有以下特征：（1）除非发生减资、清算或分派现金股利，企业不需要偿还所有者权益；（2）企业清算时，只有在清偿所有的负债后，所有者权益才返还给所有者；（3）所有者凭借所有者权益能够参与企业利润的分配。所有者权益的来源包括所有者投入的资本、其他综合收益、留存收益等，通常由实收资本（或股本）、其他权益工具、资本公积、其他综合收益、留存收益构成。本讲重点介绍实收资本有关内容。

二、实收资本的核算

非股份公司与股份公司筹集资金的方式不同，会计核算方式也不相同。现说明非股份公司所有者投入资本的核算。

非股份公司应设置“实收资本”账户进行投资者投入资本的核算。

（1）投资者投入现金，应以实际收到金额，反映银行存款增加，借记“银行存款”，同时反映实收资本的增加，贷记“实收资本”。

借：银行存款

　贷：实收资本

（2）投资者投入原材料，应按双方确认价反映原材料的增加，借记“原材料”；同时按双方确认的投资额反映实收资本的增加，贷记“实收资本”。若接受投资方为增值税一般纳税企业，并取得增值税专用发票，则发票上的增值税可不计入原材料成本，记作增值税的进项税额。

借：原材料

　　应交税费—应交增值税（进项税额）

　贷：实收资本

（3）投资者投入固定资产，应按双方确认价反映固定资产的增加，借记“固定资产”，同时反映投资者投入资本的增加，贷记“实收资本”。

借：固定资产

　贷：实收资本

第八讲 收入、费用和利润的核算

《企业会计准则第14号——收入》已于2017年7月由财政部修订发布，自2018年1月1日起，在境内外同时上市的企业以及在境外上市并采用国际财务报告准则或企业会计准则编制财务报表的企业施行；自2020年1月1日起，在其他境内上市企业施行；自2021年1月1日起，在执行企业会计准则的非上市企业施行。考虑到我国大多数企业于2020年以后执行新的收入准则，本讲重点以财政部2006年发布的《企业会计准则第14号——收入》为基础，介绍收入核算的有关内容。

一、收入的核算

（一）收入的概念及种类

1.收入的定义

收入是指企业在日常活动中形成的，会导致所有者权益增加的，与所有者投入资本无关的经济利益总流入。

2.收入的分类

（1）按收入的性质划分，收入可分为销售商品收入、提供劳务收入和让渡资产使用权收入。

销售商品收入是指制造企业的产品销售收入、流通企业的商品销售收入及原材料、包装物等的销售收入。

提供劳务收入是指企业对外提供安装、加工、修理、修配、运输等劳务取得的收入。

让渡资产使用权收入是指企业转让资产的使用权而获得的租金收入、使用费用收入等。

（2）按企业经营业务的主次划分，收入可分为主营业务收入和其他业务收入。

主营业务收入是指企业主营业务实现的收入，如制造企业及流通企业的商品销售收入、运输公司的运输劳务收入等。

其他业务收入是指企业主营业务以外的日常活动实现的收入，如制造企业销售原材料的收入、出租固定资产的租金收入等。

（二）销售商品收入的核算

企业及流通企业应设置“主营业务收入”账户进行销售商品收入的核算，该账户为损益类账户中的收入类账户。确认销售商品收入时，表示主营业务收入增加，记该账户贷方；期末，应将本期主营业务收入转入本年利润，表示主营业务收入减少，记该账户借方；该账户期末无余额。该账户应按销售商品的种类设置明细账，进行明细核算。

企业应设置“其他业务收入”账户进行销售商品以外的其他日常业务收入的核算，

该账户为损益类账户中的收入类账户。确认其他业务收入时，表示其他业务收入增加，记该账户的贷方；期末，应将本期其他业务收入转入本年利润，表示其他业务收入的减少，记该账户的借方；期末无余额。该账户应按其他业务收入的种类设置明细账，进行明细核算。

企业应设置“主营业务成本”账户核算已销产品成本，该账户为损益类账户中的费用类账户。结转已销产品成本时，记借方；期末应将该账户的发生额转入本年利润账户；结转后期末无余额。

企业应设置“其他业务成本”账户核算主营业务活动以外的其他经营活动所发生的支出，如销售材料的成本、出租固定资产的折旧额等。该账户为损益类账户中的费用类账户。结转其他业务成本时，记借方；期末应将该账户的余额转入本年利润账户；结转后期末无余额。

企业应设置“税金及附加”账户核算日常业务活动发生的消费税、城市维护建设税、教育费附加等各项税费。结转应交税费时，记借方；期末应将该账户的发生额转入本年利润账户；结转后期末无余额。

下面说明制造企业销售商品的有关经济业务的处理：

1.销售产品，款已收到

借：银行存款

　贷：主营业务收入

　　　应交税费—应交增值税

2.销售产品，款未收到

借：应收账款

　贷：主营业务收入

　　　应交税费—应交增值税

3.支付代垫运杂费（购货方负担）

借：应收账款

　贷：银行存款或库存现金

4.支付运杂费（销售方负担）

借：销售费用

　　应交税金—应交增值税（进项税额）

　贷：银行存款或库存现金

5.结转已销产品成本

借：主营业务成本

　贷：库存商品

6.结转消费税

若企业销售的产品为应税消费品，每月末企业应按本月应税消费品收入乘消费税税率，计算应交消费税。结转本月应交消费税时，应反映税金及附加的增加，借记“税金及附加”；同时反映应交消费税的增加，贷记“应交税费—应交消费税”。

借：税金及附加

　贷：应交税费—应交消费税

【例1】S公司为增值税一般纳税企业，本月销售一批产品（应税消费品，消费税税率10%），开出增值税专用发票，价款80000元，增值税12800元；开出支票支付运费，取得增值税专用发票，注明运费2000元，增值税200元。该批产品成本为45000元，款尚未收到。

S公司确认销售收入时应编制如下会计分录：

借：应收账款　　92800

　贷：主营业务收入　　80000

　　应交税费—应交增值税（销项税额）　　12800

S公司结转销售成本时应编制如下会计分录：

借：主营业务成本　　45000

　贷：库存商品　　45000

S公司支付运杂费时应编制如下会计分录：

借：销售费用　　2000

　应交税费—应交增值税（进项税额）　　200

　贷：银行存款　　2200

S公司结转消费税时应编制如下会计分录：

应交消费税=80000×10%=8000（元）。

借：税金及附加　　8000

　贷：应交税费—应交消费税　　8000

【例2】D公司为增值税小规模纳税企业，本月销售一批产品（应税消费品，消费税税率为8%），不含税售价为60000元，开出支票代垫运杂费1100元。该批产品成本为38000元。款未收到。

D公司确认销售收入时编制如下会计分录：

借：应收账款　　62900

　贷：主营业务收入　　60000

　　应交税金—应交增值税　　1800

　　银行存款　　1100

D公司结转销售成本时编制如下会计分录：

借：主营业务成本　　38000

　贷：库存商品　　38000

D公司结转消费税时应编制如下会计分录：

应交消费税=60000×8%=4800（元）。

借：税金及附加 4800

　贷：应交税费—应交消费税 4800

7.销售材料的核算

制造企业销售材料的收入为其他业务收入。企业销售材料同销售产品一样，应计算应交增值税。销售材料时，应反映银行存款增加或应收账款的增加，借记“银行存款”或“应收账款”；同时反映其他业务收入及应交增值税的增加，贷记“其他业务收入”“应交税费—应交增值税”。

借：银行存款或应收账款

　贷：其他业务收入

　　　应交税费—应交增值税

结转已销材料的成本时，应反映其他业务成本的增加，借记“其他业务成本”；同时反映原材料的减少，贷记“原材料”。

借：其他业务成本

　贷：原材料

【例3】G公司（增值税一般纳税企业）本月销售一批原材料，价款40000元，增值税率为16%。款已收到。该批材料成本为35000元。

G公司确认销售材料收入时应编制如下会计分录：

应交增值税=40000×16%=6400（元）。

借：银行存款 46400

　贷：其他业务收入 40000

　　　应交税费—应交增值税（销项税额） 6400

G公司结转已销材料成本时应编制如下会计分录：

借：其他业务成本 35000

　贷：原材料 35000

（三）提供劳务收入的核算

按增值税法规定，企业提供加工、修理、修配、运输等劳务取得的收入，应交纳增值税，计税方法同销售商品。

制造企业对外提供加工、修理、修配、运输等劳务取得的收入应根据企业经营业务的主次，可计作主营业务收入，也可计作其他业务收入。确认劳务收入时，按应收的款项反映银行存款或应收账款的增加，借记“银行存款”或“应收账款”；同时反映主营业务收入或其他业务收入的增加，贷记“主营业务收入”或“其他业务收入”；同时反映应交增值税的增加，贷记“应交税费—应交增值税”。

借：银行存款或应收账款

　贷：主营业务收入或其他业务收入

应交税费—应交增值税

结转加工、修理、修配、运输等劳务相关成本时，应反映主营业务成本或其他业务成本的增加，借记“主营业务成本”或“其他业务成本”；同时反映银行存款、原材料等的减少，贷记“银行存款”“原材料”等。

借：主营业务成本或其他业务成本

贷：银行存款或原材料等

【例4】甲公司为增值税一般纳税企业，2018年12月受托加工一批产品，收到委托方的原材料，价值80000元。加工费20000元，增值税率16%。月末，产品已加工完毕，已交付委托方。款已收到。该批受托加工产品加工过程中发生原材料费用2000元，人工费1500元。

甲公司确认加工收入时应编制如下会计分录：

借：银行存款 23200

贷：主营业务收入 20000

应交税费—应交增值税（销项税额） 3200（20000×16%）

甲公司结转加工成本时应编制如下会计分录：

借：主营业务成本 3500

贷：原材料 2000

应付职工薪酬—工资、奖金、津贴和补贴 1500

需要注意的是，甲公司收到受托加工的材料时，不需做账务处理，只需备查登记。

（四）让渡资产使用权收入

让渡资产使用权收入是指企业出租包装物、固定资产等获得的租金收入、转让无形资产使用权获得的使用费收入等。

现以企业出租固定资产为例，说明让渡资产使用权收入的核算。

1.收到押金的核算

企业出租固定资产，收到押金时，应反映银行存款增加，借记“银行存款”；同时反映其他应付款增加，贷记“其他应付款”。

借：银行存款

贷：其他应付款

2.每月结转租金收入的核算

无论租金的支付方式如何确定，企业均应按月结转租金收入。一般来说，制造企业出租固定资产的租金收入应计作其他业务收入。每月末结转租金收入时，应反映其他业务收入的增加，贷记“其他业务收入”，反映应交增值税的增加，贷记“应交税费—应交增值税”，同时应反映银行存款的增加（每月收款），或其他应收款的增加（到期结算），借记“银行存款”或“其他应收款”。

借：银行存款或其他应收款

贷：其他业务收入

应交税费—应交增值税

3.每月计提出租固定资产折旧费的核算

企业计提出租固定资产的折旧费时，应反映其他业务成本的增加，借记“其他业务成本”；同时反映累计折旧的增加，贷记“累计折旧”。

借：其他业务成本

贷：累计折旧

4.收回出租固定资产，退还押金的核算

企业收回出租固定资产后，应退还原收取的押金。退还押金时，应反映其他应付款—押金的减少，借记“其他应付款”；同时反映银行存款的减少，贷记“银行存款”。若租金到期时结算，还应反映其他应收款—应收租金的减少，贷记“其他应收款”。

借：其他应付款

贷：其他应收款

银行存款

【例5】甲企业2018年6月将一台设备出租给乙公司，租期5个月（从本月开始），每月租金1000元，增值税率16%，到期结算。该设备每月应提折旧900元。甲企业收到押金20000元。

甲企业收到押金时应编制如下会计分录：

借：银行存款　　20000

贷：其他应付款—乙公司押金　　20000

甲公司6月末—10月末结转租金收入时应编制如下会计分录：

借：其他应收款—乙公司租金　　1160

贷：其他业务收入　　1000

应交税费—应交增值税（销项税额）　　160

甲公司每月计提折旧时应编制如下会计分录：

借：其他业务成本　　900

贷：累计折旧　　900

甲公司10月末收回设备，退还押金时应编制如下会计分录：

借：其他应付款—乙公司押金　　20000

贷：其他应收款—乙公司租金　　5800

银行存款　　14200

二、费用的核算

（一）费用的概念及其种类

费用是指企业在日常活动中发生的、会导致所有者权益减少的，与向所有者分配利润无关的经济利益总流出。

费用按经济用途不同划分，可分为生产费用与期间费用两类。

生产费用是指企业在生产产品、提供劳务过程中发生的各项费用。其中生产产品发生的各项生产费用，又称生产成本；提供劳务发生的各项费用，又称劳务成本。

生产费用可进一步划分为直接材料、直接人工和制造费用。

期间费用是指企业在经营活动过程中发生的各项费用，包括管理费用、财务费用和销售费用。

管理费用是指企业行政管理部门经营管理活动发生的各项费用，如办公费、固定资产折旧费用、管理人员报酬等。

财务费用是指企业为筹集资金而发生的各项费用，如利息支出、手续费等。

销售费用是指企业在销售过程中发生的各项费用，包括流通企业采购商品过程中发生的相关费用，如运杂费、销售人员的报酬等。

（二）费用的核算

1.生产成本的核算

企业应设置“生产成本”账户进行生产成本的核算。该账户应按生产产品的种类开设多栏式明细账，进行明细核算，并按直接材料、直接人工和制造费用设置多栏式明细账的项目。

发生直接材料费、直接人工费时，应直接计入各产品成本明细账的相应项目中；发生直接材料费、直接人工费以外的各项生产成本时，应先计入“制造费用”账户，月末再分配计入各产品的生产成本的制造费用项目中。产品完工入库后，应将完工产品的生产成本结转入库存商品账户；待产品销售后，再将已销产品的生产成本转入主营业务成本账户。

（1）生产产品领用材料时：

借：生产成本—×××产品（直接材料）

　　贷：原材料

（2）分配生产工人报酬时：

借：生产成本—×××产品（直接人工）

　　贷：应付职工薪酬

（3）车间一般消耗领用材料时：

借：制造费用

　　贷：原材料

（4）分配车间管理人员报酬时：

借：制造费用

　　贷：应付职工薪酬

（5）结转制造费用时：

借：生产成本—×××产品（制造费用）

贷：制造费用

（6）结转完工产品成本时：

借：库存商品

贷：生产成本

（7）结转已销产品成本时：

借：主营业务成本

贷：库存商品

2.劳务成本的核算

企业应设置“劳务成本”账户进行劳务成本的核算。该账户应按劳务种类设置明细账，进行明细核算。该明细账可比照生产成本开设，也可根据企业需要自行设定核算项目。提供劳务活动结束时，应按劳务成本账户的发生额转入本年利润账户。

（1）受托加工物资领用材料时：

借：劳务成本

贷：原材料

（2）结转受托加工物资过程中应付职工的报酬时：

借：劳务成本

贷：应付职工薪酬

（3）结转受托加工物资的劳务收入及劳务成本时：

借：银行存款

贷：主营业务收入或其他业务收入

应交税费—应交增值税

借：主营业务成本或其他业务成本

贷：劳务成本

3.期间费用的核算

企业应设置“管理费用”账户进行管理费用的核算，该账户应根据企业核算需要设置多栏式明细账进行明细核算。发生管理费用时，计入“管理费用”借方的相应项目中；期末应将本月管理费用发生额转入本年利润账户，结转后无余额。

企业应设置“财务费用”账户进行财务费用的核算，该账户应根据企业核算需要设置多栏式明细账进行明细核算。发生财务费用时，计入“财务费用”借方的相应项目中；期末应将本月财务费用的发生额转入本年利润账户，结转后无余额。

企业应设置“销售费用”账户进行销售费用的核算，该账户应根据企业核算需要设置多栏式明细账进行明细核算。发生销售费用时，计入“销售费用”借方的相应项目中；期末应将本月销售费用的发生额转入本年利润账户，结转后无余额。

三、利润的核算

（一）利润的概念及其内容

利润是指企业在一定会计期间的经营成果。利润包括收入减去费用后的净额、直接计入当期利润的利得和损失等。未计入当期利润的利得和损失扣除所得税影响后的净额计入其他综合收益项目。净利润与其他综合收益的合计金额为综合收益总额。利得是指由企业非日常活动所形成的，会导致所有者权益增加的，与所有者投入资本无关的经济利益的流入。损失是指由企业非日常活动所发生的，会导致所有者权益减少的，与向所有者分配利润无关的经济利益的流出。

与利润相关的计算公式如下：

1.营业利润

营业利润=营业收入－营业成本－税金及附加－销售费用–管理费用–财务费用－信用减值损失–资产减值损失+公允价值变动收益（－公允价值变动损失）+投资收益（－投资损失）+其他收益+资产处置收益（－资产处置损失）。

营业收入是指企业经营业务所确认的收入总额，包括主营业务收入和其他业务收入。

营业成本是指企业经营业务所发生的实际成本总额，包括主营业务成本和其他业务成本。

资产减值损失是指企业计提各项资产减值准备所形成的损失。

公允价值变动收益（–损失）是指企业交易性金融资产等公允价值变动形成的应计入当期损益的利得（损失）。

投资收益（–损失）是指企业以各种方式对外投资所取得的收益（发生的损失）。

其他收益主要是指与企业日常活动相关，除冲减相关成本费用以外的政府补助。

资产处置收益（–损失）反映企业出售划分为持有待售的非流动资产（金融工具、长期股权投资和投资性房地产除外）或处置组（子公司和业务除外）时确认的处置利得或损失，以及处置未划分为持有待售的固定资产、在建工程、生产性生物资产及无形资产而产生的处置利得或损失，还包括债务重组中因处置非流动资产产生的利得或损失和非货币性资产交换中换出非流动资产产生的利得或损失。

2.利润总额

利润总额=营业利润+营业外收入–营业外支出。

营业外收入是指企业发生的与其日常活动无直接关系的各项利得。

营业外支出是指企业发生的与其日常活动无直接关系的各项损失。

3.净利润

净利润=利润总额–所得税费用。

所得税费用是指企业确认的应从当期利润总额中扣除的所得税费用。

（二）利润形成的核算

企业应设置“本年利润”账户进行本年形成利润的核算。该账户为所有者权益类账户，每期末应将本期收入总额转入该账户的贷方，表示本年利润的增加；每期末应将本期的成本费用总额转入该账户的借方，表示本年利润的减少；期末余额在贷方，表示年初到本月末累计实现的利润总额；期末余额在借方，表示年初到本月末累计发生的亏损额。年末应将本账户的余额转入“利润分配—未分配利润”账户，结转后该账户年末无余额。该账户不需进行明细核算。

1.每月末结转本月收入总额的核算

结转本月收入总额是指将本月“主营业务收入”“其他业务收入”“营业外收入”的发生额转入“本年利润”账户。

借：主营业务收入

　　其他业务收入

　　营业外收入

　贷：本年利润

2.每月末结转本月成本费用的核算

结转成本费用是指将本月“主营业务成本”“其他业务成本”“税金及附加”“销售费用”“管理费用”“财务费用”“营业外支出”的发生额转入“本年利润”账户。

借：本年利润

　贷：主营业务成本

　　　其他业务成本

　　　销售费用

　　　管理费用

　　　财务费用

　　　营业外支出

（三）所得税费用的核算

年末企业根据本年利润（假设无纳税调整项目），计算当年的应交所得税。

应交所得税=本年利润总额×所得税税率。

企业应设置“所得税费用”账户进行所得税费用的核算。该账户为损益类账户。企业确认所得税费用时，表示所得税费用的增加，记借方；结转所得税费用时，表示所得税费用的减少，记贷方。年末无余额。该账户不需要进行明细核算。

1.确认当年所得税费用的核算

确认当年所得税费用，应反映所得税费用增加，借记“所得税费用”；同时应反映应交所得税的增加，贷记“应交税费—应交所得税”。

借：所得税费用

　贷：应交税费—应交所得税

2.结转所得税费用的核算

结转所得税费用是指将本年所得税费用转入本年利润账户中，结转后“所得税费用”账户无余额。

借：本年利润

贷：所得税费用

【例6】甲公司2018年末结转所得税费用前“本年利润”账户贷方余额为150000元，所得税税率为25%。假设无纳税调整项目。

甲公司2018年应交所得税=150000×25%=37500（元）。

甲公司确认本年所得税费用时应编制如下会计分录：

借：所得税费用 37500

贷：应交税费—应交所得税 37500

甲公司结转所得税费用时应编制如下会计分录：

借：本年利润 37500

贷：所得税费用 37500

（四）结转本年利润的核算

结转本年利润是指每年末，企业应将“本年利润”账户的余额转入“利润分配—未分配利润”账户中，结转后本年利润无余额。

若“本年利润”账户余额在贷方，结转时应编制如下会计分录：

借：本年利润

贷：利润分配—未分配利润

若“本年利润”账户余额在借方，结转时应编制如下会计分录：

借：利润分配—未分配利润

贷：本年利润

【例7】上例甲公司2018年末结转所得税费用后“本年利润”账户贷方余额为112500元。

甲公司结转本年利润应编制如下会计分录：

借：本年利润 112500

贷：利润分配—未分配利润 112500

（五）提取盈余公积的核算

年末结转本年利润后，企业应按本年净利润的10%提取法定盈余公积，按企业自行确定的比例提取任意盈余公积。

提取法定盈余公积=本年净利润×10%；

提取任意盈余公积=本年净利润×自行确定的比例。

1.提取法定盈余公积和任意盈余公积的核算

企业提取法定盈余公积和任意盈余公积，表示利润分配的增加，记“利润分配”账户的借方；同时表示盈余公积的增加，记“盈余公积”的贷方。

借：利润分配—提取法定盈余公积

—提取任意盈余公积

贷：盈余公积

2.结转提取法定盈余公积和任意盈余公积的核算

结转提取法定盈余公积和任意盈余公积，是指将“利润分配—提取法定盈余公积”和“利润分配—提取任意盈余公积”账户的金额转入“利润分配—未分配利润”账户。结转后“利润分配—提取法定盈余公积”及“利润分配—提取任意盈余公积”账户无余额。若“利润分配—未分配利润”账户的余额在贷方，表示至本年末企业累计未分配的利润；若“利润分配—未分配利润”账户的余额在借方，表示至本年末企业累计发生的亏损。

借：利润分配—未分配利润

贷：利润分配—提取法定盈余公积

—提取任意盈余公积

【例8】上例甲公司按10%提取法定盈余公积、按15%提取任意盈余公积。

甲公司提取法定盈余公积=112500×10%=11250（元）；

甲公司提取任意盈余公积=112500×15%=16875（元）。

甲公司提取法定盈余公积和任意盈余公积时应编制如下会计分录：

借：利润分配—提取法定盈余公积　　11250

—提取任意盈余公积　　16875

贷：盈余公积　　28125

甲公司结转提取的法定盈余公积和任意盈余公积时应编制如下会计分录：

借：利润分配—未分配利润　　28125

贷：利润分配—提取法定盈余公积　　11250

—提取任意盈余公积　　16875

中　篇

第一讲 会计基本假设和会计信息质量要求

一、会计基本假设

会计基本假设是企业会计确认、计量和报告的前提，是对会计核算所处时间、空间环境等所做的合理设定。会计基本假设包括会计主体、持续经营、会计分期和货币计量。

（一）会计主体

会计主体是指企业会计确认、计量和报告的空间范围。

作为会计人员，首先需要确定会计核算的范围，明确哪些经济活动应当予以确认、计量和报告，哪些不应包括在其核算范围内，也就是要确定会计主体。

在会计主体假设下，企业应当对其本身发生的交易或事项进行会计确认、计量和报告，反映企业本身所从事的各项生产经营活动。

（二）持续经营

持续经营是指在可以预见的将来，企业将会按当前的规模和状态继续经营下去，不会停业，也不会大规模削减业务。

在持续经营假设下，企业进行会计确认、计量和报告应当以持续经营为前提，即会计主体将按照既定的用途使用资产，按照既定的合约条件清偿债务，会计人员可以在此基础上选择会计方法。

例如，某企业购入一条生产线，预计使用寿命为10年，考虑到该企业将会持续经营下去，因此企业可将其确认为固定资产，并采用折旧的方法，将其价值分摊到预计使用寿命期间的成本费用中。

（三）会计分期

会计分期是指将一个企业持续经营的生产经营活动期间划分为若干连续的、长短相同的期间。

会计分期的目的在于通过会计分期的划分，将持续经营的生产经营活动期间划分成连续的、相同的期间，据此结算盈亏，按期编制财务报告，从而及时向财务报告使用者提供有关企业财务状况、经营成果和现金流量的信息。

会计期间分为年度和中期。年度和中期均按公历起讫日期确定。中期是指短于一个完整的会计年度的报告期间，如月、季、半年度。

（四）货币计量

货币计量是指会计主体在进行会计确认、计量和报告时以货币计量，反映会计主体的财务状况、经营成果和现金流量。

企业应选择其经营所处的主要经济环境中的货币，作为其记账用货币，即记账本位币。

我国企业会计准则规定，企业通常应选择人民币作为记账本位币。业务收支以人民币以外的货币为主的企业，可以按规定选定其中一种货币作为记账本位币。但是，编制的财务报表应当折算为人民币。

二、会计信息质量要求

会计信息质量要求是对企业财务报告中所提供的会计信息质量的基本要求，包括可靠性、相关性、可理解性、可比性、实质重于形式、重要性、谨慎性和及时性等。

（一）可靠性

可靠性要求企业应当以实际发生的交易或事项为依据进行会计确认、计量和报告，如实反映符合确认和计量要求的各项会计要素及其他相关信息，保证会计信息真实可靠、内容完整。

（二）相关性

相关性要求企业提供的会计信息应当与财务报告使用者的经济决策需要相关，有助于财务报告使用者对企业过去、现在或者未来的情况做出评价或者预测。

（三）可理解性

可理解性要求企业提供的会计信息应当清晰明了，便于财务报告使用者理解和使用。

（四）可比性

可比性要求企业提供的会计信息应当具有可比性，具体包括下列要求：

1.要求同一企业对于不同时期发生的相同或者相似的交易或者事项，应当采用一致的会计政策，不得随意变更。当然，满足会计信息可比性要求，并不表明不允许企业变更会计政策。

2.要求不同企业发生的相同或者相似的交易或者事项，应当采用规定的会计政策，确保会计信息口径一致、相互可比。

（五）实质重于形式

实质重于形式要求企业应当按照交易或者事项的经济实质进行会计确认、计量和报告，不应仅以交易或者事项的法律形式为依据。如果企业仅仅以交易或者事项的法律形式为依据进行会计确认、计量和报告，那么就容易导致会计信息失真，无法如实反映经济现实。

（六）重要性

重要性要求企业提供的会计信息应当反映与企业财务状况、经营成果和现金流量有关的所有重要交易或者事项。

（七）谨慎性

谨慎性要求企业对交易或者事项进行会计确认、计量和报告时应当保持应有的谨慎，不应高估资产或者收益、低估负债或者费用。

（八）及时性

及时性要求企业对于已经发生的交易或者事项，应当及时进行会计确认、计量和报告，不得提前或者延后。

第二讲 应收及预付款项的核算

应收及预付款项是指企业在日常生产经营过程中发生的各项债权，包括应收票据、应收账款和其他应收款及预付账款等。

一、应收票据

（一）应收票据概述

应收票据是指企业因销售商品、提供劳务等而收到的商业汇票形成的债权。

商业汇票是一种由出票人签发的，委托付款人在指定的日期无条件支付确定金额给收款人或者持票人的票据。商业汇票的付款期限，最长不得超过六个月。根据承兑人不同，商业汇票分为商业承兑汇票和银行承兑汇票。商业承兑汇票是指由付款人签发并承兑，或由收款人签发交由付款人承兑的汇票。银行承兑汇票是指由在承兑银行开立存款账户的存款人签发，由承兑银行承兑的票据。企业申请使用银行承兑汇票时，应向其承兑银行按票面金额的万分之五交纳手续费。

商业汇票的到期日，可按日计算（定日付款汇票），也可按月计算（定期付款汇票）。按日计算时，应自出票日起，按实际间隔日数计算。如2018年3月5日签发并承兑、期限为90天的汇票，到期日应为6月3日。按月计算时，要求到期日与出票日应对应。如2018年4月10日签发并承兑、期限为3个月的汇票，到期日应为7月10日。

（二）应收票据的核算

企业应设置“应收票据”科目进行应收票据的核算。该科目借方登记取得的应收票据的面值，贷方登记到期收回票款，期末余额在借方，表示企业持有的尚未到期的商业汇票面值。本科目可按开出、承兑商业汇票的单位进行明细核算，并设置“应收票据备查簿”，逐笔登记商业汇票的种类、号数和出票日、票面金额、付款人、承兑人等资料。商业汇票到期结算票款或退票后，在备查簿中应予注销。

1.销售商品，取得商业汇票

销售商品收入实现时，应确认商品销售收入；同时按收到的商业汇票的面值，确认应收票据。

借：应收票据

　贷：主营业务收入

　　应交税费—应交增值税（销项税额）

2.取得商业汇票，抵偿前欠货款

销售商品收入实现时，因款未收到，应确认为应收账款。事后，取得商业汇票时，应按收到的商业汇票的面值，将原确认的应收账款结转为应收票据。

借：应收票据

　贷：应收账款

3.商业汇票到期，收回票款

借：银行存款

　贷：应收票据

【例1】A公司为增值税一般纳税企业，2018年3月10日销售一批产品给B公司，开出增值税专用发票，价款50000元，增值税8000元。以现金代垫运杂费1200元。该批产品成本为41000元。收到B公司同日签发并已承兑的、面值为59200元、期限为60天的商业承兑汇票。5月9日汇票到期，A公司收回票据款，存入银行。

A公司应做如下相关会计处理：

（1）3月10日，销售产品，收到商业汇票

借：应收票据—B公司　　59200

　贷：主营业务收入　　50000

　　应交税费—应交增值税（销项税额）　　8000

　　库存现金　　1200

借：主营业务成本　　41000

　贷：库存商品　　41000

（2）5月9日，收回票据款

借：银行存款　　59200

　贷：应收票据—B公司　　59200

【例2】A公司为增值税一般纳税企业，2018年4月1日销售一批产品给C公司，开出增值税专用发票，价款80000元，增值税12800元。款未收到。以现金支付销售产品运费，取得增值税专用发票，运费500元，增值税50元。该批产品成本为62000元。4月25日收到C公司同日签发并承兑的面值为80000元、期限为1个月的银行承兑汇票，和一张面值为12800元的转账支票。5月25日收到C支付的票据款80000元，存入银行。

A公司应做如下相关会计处理：

（1）4月1日，销售产品

借：应收账款—C公司　　92800

　贷：主营业务收入　　80000

　　应交税费—应交增值税（销项税额）　　12800

借：主营业务成本　　62000

　贷：库存商品　　62000

借：销售费用　　500

　　应交税费—应交增值税（进项税额）　　50

　贷：库存现金　　550

（2）4月25日，收到银行承兑汇票和支票

借：银行存款　　12800

　　应收票据　　80000

　贷：应收账款　　92800

（3）5月25日，收回票据款

借：银行存款　　80000

　贷：应收票据　　80000

4.应收票据的转让

企业可以将自己持有的商业汇票背书转让。背书是指在票据背面或者粘单上记载有关事项并签章的票据行为。企业将持有的商业汇票背书转让用于采购材料时，应按材料的采购成本，借记“原材料”，按可抵扣的增值税额，借记“应交税费—应交增值税（进项税额）”，按转让的商业汇票面值，贷记“应收票据”，如有差额，应通过银行存款结算，借记或贷记“银行存款”。

【例3】B公司为增值税一般纳税企业，2018年1月15日收到A公司1月10日签发的、面值为60000元、期限为2个月的商业承兑汇票一张，抵前欠货款。1月25日B公司向C公司采购原材料一批，取得增值税专用发票，价款80000元，增值税12800元。B公司将所持有的A公司商业承兑汇票背书转让给C公司，并通过银行支付32800元的差额。原材料已验收入库。

B公司应做如下相关会计处理：

（1）1月15日，收到商业承兑汇票

借：应收票据—A公司　　60000

　贷：应收账款—A公司　　60000

（2）1月25日，采购材料，转让商业承兑汇票

借：原材料　　80000

　　应交税费—应交增值税（进项税额）　　12800

　贷：应收票据—A公司　　60000

　　　银行存款　　32800

【例4】B公司为增值税小规模纳税企业，适用的增值税征收率为3%。2018年2月6日销售产品给A公司，开出增值税普通发票，含税价为61800元。收到A公司同日签发的面值为61800元、期限为1个月的银行承兑汇票。B公司另以现金支付销售产品运费，取得运输业增值税普通发票，注明运费1000元，增值税100元。该批产品成本为49000元。2月8日B公司向C公司采购原材料，取得增值税普通发票，价款30000元，增值税

4800元。B公司将所持有的A公司银行承兑汇票背书转让给C公司，并收到C公司退回的票据款27000元，存入银行。材料已验收入库。

B公司应做如下相关会计处理：

（1）2月6日，销售产品

不含税销售额=61800÷（1+3%）=60000（元）；

应交增值税=60000×3%=1800（元）。

借：应收票据—A公司　　　　61800

　贷：主营业务收入　　　　　　　60000

　　　应交税费—应交增值税　　　　1800

借：主营业务成本　　　　49000

　贷：库存商品　　　　　　　　49000

借：销售费用　　　　　1100

　贷：库存现金　　　　　　　　1100

（2）B公司2月8日采购材料，转让商业汇票时应做如下会计处理：

借：原材料　　　　　　34800

　　银行存款　　　　　27000

　贷：应收票据—A公司　　　　61800

二、预付账款

预付账款是指企业按照合同规定预付的款项。

企业应当设置“预付账款”科目，进行预付账款的核算。借方登记预付款及补付款，贷方登记应付款及退回的预付款。该科目应按预付单位设置明细账，进行明细核算。若预付款业务不多的企业，也可以不设置“预付账款”科目，发生预付款业务时，通过“应付账款”科目核算。

预付款时：

借：预付账款（或应付账款）

　贷：银行存款

收到采购材料时：

借：原材料

　　应交税费—应交增值税（进项税额）

　贷：预付账款（或应付账款）

补付款时：

借：预付账款（或应付账款）

　贷：银行存款

收回预付款时：

借：银行存款

贷：预付账款（或应付账款）

【例5】D公司为增值税一般纳税企业，2018年4月6日按购货合同的规定向C公司预付购料款20000元。4月16日收到C公司发来的原材料，取得增值税专用发票，价款60000元，增值税9600元。C公司另以现金代垫运费，D公司取得运输业增值税专用发票，注明运费1500元，增值税150元。4月18日D公司通过银行补付C公司51250元余款。

D公司应做如下相关会计处理：

（1）4月6日，预付购料款

借：预付账款—C公司　　20000

贷：银行存款　　20000

（2）4月16日，收到原材料

原材料采购成本=60000＋1500=61500（元）；

增值税进项税额=9600＋150=9750（元）。

借：原材料　　61500

应交税费—应交增值税（进项税额）　　9750

贷：预付账款—C公司　　71250

（3）4月18日补付余额

借：预付账款—C公司　　51250

贷：银行存款　　51250

【例6】C公司为增值税小规模纳税企业，2018年4月15日按合同规定向D公司预付购料款40000元。4月25日C公司收到D公司发来的原材料，取得增值税普通发票，价款30000元，增值税4800元。D公司代垫运费，C公司取得运输业增值税专用发票，注明运费1000元，增值税100元。4月26日C公司收回D公司退回的余款4100元，存入银行。C公司未设置预付账款账户。

C公司应做如下相关会计处理：

（1）4月15日，预付购料款

借：应付账款—D公司　　40000

贷：银行存款　　40000

（2）4月25日，收到原材料

原材料的采购成本=30000＋4800＋1000＋100=35900（元）。

借：原材料　　35900

贷：应付账款—D公司　　35900

（3）4月26日，收回余款

借：银行存款　　4100

贷：应付账款—D公司　　4100

三、应收款项的减值

（一）应收账款减值损失的确认

企业的各项应收款项，可能会因购货人拒付、破产、死亡等原因而无法收回。这类无法收回的应收款项就是坏账。企业因坏账而遭受的损失为坏账损失或减值损失。企业应当在资产负债表日对应收款项的账面价值进行评估，应收款项发生减值的，应当将减记的金额确认为减值损失，同时计提坏账准备。应收款项减值有两种核算方法，即直接转销法和备抵法，我国企业会计准则规定，应收款项减值的核算只能采用备抵法，不得采用直接转销法。

1. 直接转销法

采用直接转销法时，日常核算中应收款项可能发生的坏账损失不予考虑，只有在实际发生坏账时，才作为坏账损失计入当期损益，同时直接冲销应收款项，即借记“信用减值损失”科目，贷记“应收账款”等科目。

【例7】某企业2014年发生的一笔20000元的应收账款，长期无法收回，于2018年末确认为坏账。该企业在2018年末应编制如下会计分录：

借：信用减值损失—坏账损失　　20000

　贷：应收账款　　　　　　　　　　20000

这种方法的优点是账务处理简单，其缺点是不符合权责发生制原则，也与资产定义相冲突。在这种方法下，只有坏账实际发生时，才将其确认为当期费用，导致资产不实、各期损益不实；另外，在资产负债表上，应收账款是按账面余额而不是按账面价值反映，这在一定程度上歪曲了期末的财务状况。所以，企业会计准则不允许采用直接转销法。

2. 备抵法

备抵法是采用一定的方法按期估计坏账损失，计入当期损益，同时建立坏账准备，待坏账实际发生时，冲销已提的坏账准备和相应的应收款项。采用这种方法，在财务报表上列示应收款项的净额，使财务报表使用者能了解企业应收款项预期可收回的金额或真实的财务情况。在备抵法下，企业应当根据企业会计准则的规定，评估当期坏账损失金额。

（二）坏账准备的账务处理

企业应当设置“坏账准备”科目，核算应收款项的坏账准备计提、转销等情况。坏账准备科目的贷方登记当期计提的坏账准备、收回已转销的应收账款而恢复的坏账准备，借方登记实际发生的坏账损失金额和冲减的坏账准备金额，期末贷方余额，反映企业已计提但尚未转销的坏账准备。企业计提坏账准备时，按照应减记的金额，借记“信用减值损失—计提的坏账准备”科目，贷记“坏账准备”科目。冲减多计提的坏账准备时，借记“坏账准备”科目，贷记“信用减值损失—计提的坏账准备”科目。

1.资产负债表日计提坏账准备的核算

借：信用减值损失

　贷：坏账准备

冲销坏账准备，应做如下会计处理：

借：坏账准备

　贷：信用减值损失

2.实际发生坏账损失的核算

有客观证据表明某应收款项无法收回时，应转销坏账准备，不得再确认坏账损失，做如下会计处理：

借：坏账准备

　贷：应收账款等

3.已确认又收回的坏账损失的核算

已确认又收回的坏账损失是指有证据表明某应收款项已无法收回，会计已按坏账损失进行了会计处理，以后又收回的应收款项。确认坏账损失时，转销了坏账准备，又收回时应转回坏账准备，做如下会计处理：

借：银行存款

　贷：坏账准备

【例8】M公司2017年末“应收账款”余额为100万元，M公司预计应收账款可收回金额为95万元，以前未计提坏账准备。2018年应收账款发生坏账损失4万元。2018年末应收账款余额为140万元，预计可收回金额为136万元。M公司按年计提坏账准备。

M公司应做如下相关会计处理：

（1）2017年末，计提坏账准备

应计提坏账准备=100万－95万=5万（元）。

借：信用减值损失　　50000

　贷：坏账准备　　　　　50000

（2）2018年，发生坏账损失

借：坏账准备　　　　40000

　贷：应收账款　　　　　40000

（3）2018年末，计提坏账准备

应计提坏账准备=（140万－136万）－1万=3万（元）。

借：信用减值损失　　30000

　贷：坏账准备　　　　　30000

【例9】N公司2017年末“应收账款”余额为400万元，N公司预计坏账损失率为1%，以前未计提坏账准备。2018年应收账款发生坏账损失6万元，收回已确认的坏账损失1万元。2018年末应收账款余额为500万元，N公司预计坏账损失率仍为1%。

N公司应做如下相关会计处理：

（1）2017年末，计提坏账准备

应计提坏账准备=400万×1%=4万（元）。

借：信用减值损失　　　　40000

　贷：坏账准备　　　　　　　40000

（2）2018年，发生坏账损失

借：坏账准备　　　　60000

　贷：应收账款　　　　　　　60000

（3）2018年，收回已确认的坏账损失

借：银行存款　　　　10000

　贷：坏账准备　　　　　　　10000

（4）2018年末，计提坏账准备

应计提坏账准备=500万×1%+（6万－4万－1万）=6万（元）。

借：信用减值损失　　　　60000

　贷：坏账准备　　　　　　　60000

【例10】T公司2018年初“坏账准备—应收账款”贷方余额为3万元，2018年应收账款发生坏账损失1万元，收回已确认的坏账损失2万元，2018年末应收账款余额为100万元，T公司预计应收账款坏账损失率为1%。

T公司应做如下相关会计处理：

（1）2018年，发生坏账损失

借：坏账准备　　　　10000

　贷：应收账款　　　　　　　10000

（2）2018年，收回已确认的坏账损失

借：银行存款　　　　20000

　贷：坏账准备　　　　　　　20000

（3）2018年末，冲销坏账准备

应计提坏账准备=100万×1%－（3万－1万+2万）=－3万（元）。

借：坏账准备　　　　30000

　贷：信用减值损失　　　　　30000

第三讲　存货的核算

一、存货的概念

存货是指企业在日常活动中持有以备出售的产成品或商品、处在生产过程中的在产品、在生产过程中或提供劳务过程中耗用的材料或物料等，包括各类材料、商品、在产品、半成品、产成品以及包装物、低值易耗品、委托代销商品、委托加工物资等。

原材料是指企业在生产过程中经加工改变其形态或性质并构成产品主要实体的各种原料及主要材料、辅助材料、燃料、修理用备件、包装材料、外购半成品等。

在产品是指企业正在制造尚未完工的生产物，包括正在各个生产工序加工的产品和已加工完毕但尚未检验或已检验但尚未办理入库手续的产品。

半成品是指经过一定的生产过程并已检验合格交付半成品仓库保管，但尚未制造完工成为产成品，仍需进一步加工的中间产品。

产成品是指工业企业已经完成全部生产过程并已验收入库，可以按照合同规定的条件送交订货单位，或者可以作为商品对外销售的产品。

商品是指商品流通企业外购或委托加工完成验收入库用于销售的各种商品。

包装物是指为了包装本企业的商品而储备的各种包装容器，如桶、箱、瓶、坛、袋等。

低值易耗品是指不能作为固定资产核算的各种用具物品，如工具、管理用具、玻璃器皿、劳动保护用品，以及在经营过程中具有周转作用的容器等。其特点是单位价值较低，或使用期限相对于固定资产较短，在使用过程中保持其原有实物形态基本不变。

委托代销商品是指企业委托其他单位代销的商品。

委托加工物资是指企业委托外单位加工的各种材料、商品等物资。

需要注意的是，受托代销商品、受托加工物资不属于企业拥有或控制的资源，不应作为存货反映。

二、原材料

原材料的日常收发及结存，可以采用实际成本核算，也可以采用计划成本核算。原材料按实际成本计价核算时，材料的收发及结存，无论是总分类核算还是明细分类核算，均按照实际成本计价。使用的会计科目有“原材料”“在途物资”等。在实际成本核算方式下，企业可以采用的发出材料的计价方法包括个别计价法、先进先出法、月末一次加权平均法和移动加权平均法等。

原材料采用计划成本核算时，材料的收发及结存，无论是总分类核算还是明细分类核算，均按照计划成本计价。使用的会计科目有“原材料”“材料采购”“材料成本差异”等。“原材料”科目反映库存材料的计划成本，“材料采购”科目反映购入材料的实际成本及形成的差异，“材料成本差异”科目反映购入材料形成的差异及发出材料应负担的差异。在此只讲述材料采用计划成本核算。

（一）应设账户

“原材料”科目。本科目用于核算库存各种材料的收发与结存情况。在材料采用计划成本核算时，本科目的借方登记入库材料的计划成本，贷方登记发出材料的计划成本，期末余额在借方，反映企业库存材料的计划成本。该科目应按库存材料的种类设置明细科目，进行明细核算。

"材料采购"科目。本科目借方登记采购材料的实际成本及入库材料的节约差，贷方登记入库材料的计划成本及入库材料的超支差，期末余额在借方，反映企业在途材料的采购成本。该科目应根据核算需要按采购存货的类别设置明细账，进行明细核算。

"材料成本差异"科目。本科目反映企业已入库的各种材料的实际成本与计划成本的差异，借方登记入库材料的超支差及发出材料应负担的节约差，贷方登记入库材料的节约差及发出材料应负担的超支差。期末如为借方余额，反映企业库存材料应负担的超支差；如为贷方余额，反映企业库存材料应负担的节约差。该科目应根据核算需要按存货类别设置明细账，进行明细核算。

（二）计价

1.购入材料的计价

购入材料的实际成本=买价＋运杂费＋运输途中的合理损耗＋入库前整理挑选费用等采购支出；

购入材料的计划成本=实际验收入库材料的数量×材料的计划单价；

购入材料的成本差异=购入材料的实际成本－购入材料的计划成本；

若该指标大于零，为超支差；若该指标小于零，为节约差。

2.发出材料的计价

发出材料的计划成本=发出材料的数量×材料的计划单价；

发出材料应负担的成本差异=发出材料的计划成本×材料成本差异率；

材料成本差异率=（期初结存材料的成本差异＋本月购入材料的成本差异）÷（期初结存材料的计划成本＋本月购入材料的计划成本）×100%；

发出材料的实际成本=发出材料的计划成本＋发出材料应负担的成本差异；

月末结存材料的实际成本=结存材料的计划成本＋结存材料应负担的成本差异。

需要说明的是，计算差异率时，超支差用"＋"表示，节约差用"－"表示。差异率为正数，表示发出材料及月末结存材料应负担的差异为超支差；反之，差异率为负数，表示发出材料及月末结存材料应负担的差异为节约差。计算发出材料及月末结存材料的实际成本时，应以计划成本加应负担的超支差，或以计划成本减应负担的节约差。

【例1】某公司为增值税一般纳税企业。2018年6月初"原材料"科目余额为60000元，"材料成本差异—原材料"科目借方余额为1300元。2018年6月该公司购入原材料500千克，取得增值税专用发票，价款90000元，增值税14400元，另付运费，取得运输业增值税专用发票，注明运费1000元，增值税100元。实际验收入库495千克，短缺5千克为运输途中的合理损耗。该材料每千克计划单价为185元。本月发出原材料的计划成本为98000元。

本月购入材料的实际成本=90000＋1000=91000（元）；

本月购入材料的计划成本=495×185=91575（元）；

本月购入材料的成本差异=91000－91575=－575（元）（节约差）；

本月材料成本差异率=（1300－575）÷（60000＋91575）×100%=0.48%；

本月发出材料应负担的成本差异=98000×0.48%=470（元）（超支差）；

本月发出材料的实际成本=98000＋470=98470（元）；

月末结存材料的实际成本=（60000＋91575－98000）＋（1300－575－470）=53830（元）。

【例2】某公司2018年7月初“原材料”科目余额为40000元，“材料成本差异”科目贷方余额为1500元（节约差）。本月购入原材料的实际成本为100000元，计划成本为103200元。本月发出材料的计划成本为120000元。

本月购入材料的成本差异=100000－103200=－3200（元）（节约差）；

本月材料成本差异率=（－1500－3200）÷（40000＋103200）×100%=－3.28%；

本月发出材料应负担的成本差异=120000×（－3.28%）=－3936（元）（节约差）；

本月发出材料的实际成本=120000－3936=116064（元）；

月末结存材料的实际成本=（40000＋103200－120000）＋[－1500－3200－（－3936）]=23200－764=22436（元）。

（三）购入材料的核算

1.货款付清，同时收料

应同时反映购入材料的实际成本、计划成本及形成的成本差异，做如下会计处理：

借：材料采购（实际成本）

　　应交税费—应交增值税（进项税额）

　贷：银行存款

若购入材料形成超支差，应同时做如下会计处理

借：原材料（计划成本）

　　材料成本差异（超支差）

　贷：材料采购（实际成本）

若购入材料形成节约差，应同时做如下会计处理

借：原材料（计划成本）

　贷：材料采购（实际成本）

　　材料成本差异（节约差）

2.先付款，后收料

付款时，原材料尚未收到，只需反映购入材料的实际成本；待收到材料时，再反映计划成本及形成的差异。

3.先收料，后付款

实际工作中，可分为以下两种情形：

（1）收料时，发票账单已到，企业存款不足，无力付款。

收料时，做如下会计处理：

借：材料采购（实际成本）

　　应交税费—应交增值税（进项税额）

　贷：应付账款或应付票据

借：原材料（计划成本）

　　材料成本差异（超支差）

　贷：材料采购（实际成本）

或：

借：原材料（计划成本）

　贷：材料采购（实际成本）

　　　材料成本差异（节约差）

付款时，做如下会计处理：

借：应付账款或应付票据

　贷：银行存款

【例3】N公司为增值税一般纳税企业，2018年6月6日购入材料，取得增值税专用发票，价款40000元，增值税6400元。材料已验收入库，款尚未支付。N公司同日开出面值为46400元、期限为30天的商业承兑汇票。该批材料的计划成本为41000元。

N公司应做如下相关会计处理：

①6月6日，采购材料，开出商业承兑汇票

借：材料采购　　40000

　　应交税费—应交增值税（进项税额）　　6400

　贷：应付票据　　46400

借：原材料　　41000

　贷：材料采购　　40000

　　　材料成本差异　　1000

②7月6日，汇票到期付款

借：应付票据　　46400

　贷：银行存款　　46400

（2）收料时，发票账单尚未收到，企业无法付款。

在这种情况下，发票账单未到，无法确定实际成本，月中可不做账务处理，待收到发票账单时做相应账务处理；若月末仍未收到发票账单，为编制财务报表的需要，应按收到材料的计划成本暂估入账，下月初做相反会计分录予以冲回。

月末，按计划成本暂估入账，编制如下会计分录：

借：原材料

贷：应付账款

下月初冲回时，编制如下会计分录：

借：应付账款

贷：原材料

【例4】N公司为增值税小规模纳税企业，2018年6月20日收到采购的原材料，未收到发票账单，该批材料的计划成本为29000元。2018年7月5日收到该批采购材料的增值税普通发票，价款24000元，增值税3840元。当日N公司开出转账支票付款。

N公司应做如下相关会计处理：

①6月20日，收到材料时，只需登记验收入库材料的数量，不需做账务处理。

②6月30日，仍未收到发票账单，应按计划成本暂估入账

借：原材料 29000

贷：应付账款 29000

③7月1日，编制相反会计分录，予以冲回

借：应付账款 29000

贷：原材料 29000

④7月5日，收到发票

借：材料采购 27840

贷：银行存款 27840

借：原材料 29000

贷：材料采购 27840

材料成本差异 1160

4.预付款购料

（1）预付购料款

借：预付账款

贷：银行存款

（2）收到采购材料的发票账单，材料验收入库

借：材料采购

应交税费—应交增值税（进项税额）

贷：预付账款

借：原材料

材料成本差异（超支差）

贷：材料采购

或：

借：原材料

贷：材料采购

材料成本差异（节约差）

（3）补付购料款

借：预付账款

贷：银行存款

（4）收回预付款

借：银行存款

贷：预付账款

【例5】N公司为增值税一般纳税企业，2018年6月15日预付购料款60000元。7月2日收到材料，取得增值税专用发票，价款100000元，增值税16000元。7月4日N公司补付余额。该批材料的计划成本为99600元。

N公司应做如下相关会计处理：

①6月15日，预付购料

借：预付账款 60000

贷：银行存款 60000

②7月2日，收到材料

借：材料采购 100000

应交税费—应交增值税（进项税额） 16000

贷：预付账款 116000

借：原材料 99600

材料成本差异 400

贷：材料采购 100000

③7月4日，补付款

借：预付账款 56000

贷：银行存款 56000

（四）发出材料的核算

月末，企业根据领料单编制“发料凭证汇总表”，结转发出材料的计划成本及应负担的成本差异。

1.根据发出材料的用途，结转发出材料的计划成本

借：生产成本

制造费用

管理费用

贷：原材料

2.根据发出材料的用途，结转发出材料应负担的成本差异

若发出材料应负担的成本差异为超支差，应编制如下会计分录：

借：生产成本

制造费用

管理费用

贷：材料成本差异

若发出材料应负担的成本差异为节约差，应编制如下会计分录：

借：材料成本差异

贷：生产成本

制造费用

管理费用

【例6】甲公司2018年5月编制的“发料凭证汇总表”（表2-1）如下：（计划成本）

表2-1 发出材料汇总表

2018年5月 单位：元

应借账户 应贷账户		生产成本		制造费用		管理费用	合计
		A产品	B产品	一车间	二车间		
原材料	原料及主要材料	46000	6000				52000
	辅助材料	4000		3000	1000	2000	10000
	外购成品	20000	5000				25000
	燃料	5000	5000			600	10600
合 计		75000	16000	3000	1000	2600	97600

甲公司根据发料凭证汇总表，应做如下会计处理：

借：生产成本—基本生产成本—A产品 75000

—基本生产成本—B产品 16000

制造费用——车间 3000

—二车间 1000

管理费用 2600

贷：原材料 97600

若甲公司本月材料成本差异率为1%，则结转发出材料应负担的成本差异应做如下会计处理：

借：生产成本—基本生产成本—A产品 750

—基本生产成本—B产品 160

制造费用——车间 30

—二车间 10

管理费用 26

贷：材料成本差异　　　　　　　　　976

若甲公司本月材料成本差异率为-1%，则结转发出材料应负担的成本差异应做如下会计处理：

借：材料成本差异　　　　　　　　976

　贷：生产成本—基本生产成本—A产品　　750

　　　　　　—基本生产成本—B产品　　160

　　　制造费用——车间　　　　　　　　30

　　　　　　—二车间　　　　　　　　10

　　　管理费用　　　　　　　　　　　26

三、低值易耗品

低值易耗品是指不能作为固定资产核算的各种用具物品，包括一般工具、专用工具、替换设备、管理用具、劳动保护用品及其他工具等。

为了反映和监督低值易耗品的增减变化及其结存情况，企业应设置“周转材料—低值易耗品”科目，借方登记低值易耗品的增加，贷方登记低值易耗品的减少，期末余额在借方，反映企业期末结存低值易耗品的成本。

低值易耗品的核算方法与原材料相同，可以采用实际成本核算，也可以采用计划成本核算。购入低值易耗品的业务处理与原材料的基本相同，现说明发出低值易耗品的处理方法。

发出低值易耗品的摊销方法有一次摊销法和五五摊销法。一次摊销法是指在领用低值易耗品时，将其价值一次、全部计入有关资产成本或当期损益，主要适用于价值较低或极易损坏的低值易耗品的摊销。

发出低值易耗品时，根据用途做如下会计处理：

借：制造费用

　　管理费用

　贷：周转材料—低值易耗品

若低值易耗品采用计划成本核算，发出低值易耗品时，还应结转发出低值易耗品应负担的成本差异，做如下会计处理：

借：制造费用

　　管理费用

　贷：材料成本差异—低值易耗品（超支差）

或：

借：材料成本差异—低值易耗品（节约差）

　贷：制造费用

　　　管理费用

【例7】甲公司为增值税一般纳税企业，低值易耗品采用计划成本核算，发出低值易耗品采用一次摊销法。2018年5月购入低值易耗品，取得增值税专用发票，价款60000元，增值税9600元。款已付，低值易耗品已验收入库。该批低值易耗品的计划成本为59500元。2018年5月经汇总，本月发出低值易耗品的计划成本为32000元，其中生产车间领用28000元，行政管理部门领用4000元。本月低值易耗品的成本差异率为2%。

（1）购入低值易耗品

借：材料采购—低值易耗品　　60000

　　应交税费—应交增值税（进项税额）　　9600

　贷：银行存款　　69600

借：周转材料—包装物　　59500

　　材料成本差异—包装物　　500

　贷：材料采购—包装物　　60000

（2）结转发出低值易耗品的计划成本

借：制造费用　　28000

　　管理费用　　4000

　贷：周转材料—低值易耗品　　32000

（3）结转发出低值易耗品的成本差异

借：制造费用　　560

　　管理费用　　80

　贷：材料成本差异　　640

四、包装物

包装物是指为了包装本企业商品而储备的各种包装容器，如桶、箱、瓶、坛、袋等。其核算内容包括：

（1）生产过程中用于包装产品作为产品组成部分的包装物；

（2）随同产品出售而不单独计价的包装物；

（3）随同产品出售而单独计价的包装物；

（4）出租或出借给购买单位使用的包装物。

为了反映和监督包装物的增减变化情况，企业应设置“周转材料—包装物”科目。借方登记包装物增加，贷方登记包装物减少，期末余额在借方，反映期末结存包装物的成本。

包装物的核算方法与原材料相同，可以采用实际成本核算，也可以采用计划成本核算。购入包装物的核算方法与原材料基本相同，现说明发出包装物的核算。对于生产领用的包装物成本，应计入“生产成本”科目；对于随产品出售而不单独计价的包装物成本，应计入“销售费用”科目；对于随产品出售而单独计价的包装物成本，应计入“其他业务成本”科目，相应的出售收入应计入“其他业务收入”科目；对于出借的包装物成本，应计入“销售费用”；对于出租的包装物成本，应计入“其他业务成本”，相应的租金收入应计入“其他业务收入”。

结转发出包装物的实际成本或计划成本，应做如下会计处理：

借：生产成本
　　销售费用
　　其他业务成本
　贷：周转材料—包装物

若包装物采用计划成本核算，应同时结转发出包装物应负担的成本差异，做如下会计处理：

借：生产成本
　　销售费用
　　其他业务成本
　贷：材料成本差异—包装物（超支差）

或：

借：材料成本差异—包装物（节约差）
　贷：生产成本
　　　销售费用
　　　其他业务成本

【例8】甲公司为增值税一般纳税企业，包装物采用计划成本核算。2018年5月购入包装物，取得增值税专用发票，价款50000元，增值税8000元，款尚未支付，包装物已验收入库。该批包装物的计划成本为51400元。2018年5月发出包装物的计划成本为21000元，其中生产领用包装物的计划成本为4500元，随产品出售不单独计价包装物计划成本为16500元。本月包装物的成本差异率为－2%。

（1）购入包装物

借：材料采购—包装物　50000
　　应交税费—应交增值税（进项税额）　8000
　贷：应付账款　58000

借：周转材料—包装物　51400
　贷：材料采购—包装物　50000
　　　材料成本差异—包装物　1400

（2）结转发出包装物的计划成本

借：生产成本　4500
　　销售费用　16500
　贷：周转材料—包装物　21000

（3）结转发出包装物的成本差异

借：材料成本差异—包装物　　420

　贷：生产成本　　90

　　　销售费用　　330

五、委托加工物资

委托加工物资是指企业委托外单位加工的各种材料、商品等物资。

企业委托外单位加工物资的成本包括加工中实际耗用物资的成本、支付的加工费及运杂费等。若委托加工企业为增值税一般纳税企业，并取得受托加工方开出的增值税专用发票，则委托加工企业支付的增值税可予抵扣，不计入委托加工物资成本；不予抵扣的增值税，应计入委托加工物资的成本。若委托加工的物资为应税消费品，按税法的规定，消费税由受托方代扣代缴。委托加工企业收回的应税消费品，如果继续用于生产新的应税消费品，则委托加工企业支付的消费税可予抵扣，不计入委托加工物资成本，计入“应交税费—应交消费税”科目的借方；如果不是继续用于生产应税消费品，支付的消费税应计入委托加工物资的成本。

为了反映和监督委托加工物资增减变动情况，企业应设置“委托加工物资”科目，借方登记委托加工物资的实际成本，贷方登记加工完成验收入库的物资的实际成本和剩余物资的实际成本，期末余额在借方，反映企业尚未完工的委托加工物资的实际成本。该科目应按委托加工物资的种类及受托单位开设明细账，进行明细核算。

1.发出材料，用于委托加工物资

借：委托加工物资

　贷：原材料

若发出材料采用计划成本核算，还应同时结转发出材料应负担的成本差异。

借：委托加工物资

　贷：材料成本差异（超支差）

或：

借：材料成本差异（节约差）

　贷：委托加工物资

2.支付运杂费

借：委托加工物资

　　应交税费—应交增值税（进项税额）

　贷：银行存款或库存现金

3.支付加工费、增值税及消费税（若增值税、消费税均可抵扣）

借：委托加工物资

　　应交税费—应交增值税（进项税额）

应交税费—应交消费税

贷：银行存款

4.加工完成，验收入库

借：原材料（库存商品、低值易耗品、包装物等）

贷：委托加工物资

需要说明的是，收回的原材料等物资按计划成本核算，还应反映收回原材料等物资的成本差异。

【例9】甲公司为增值税一般纳税企业，2018年5月发出烟叶，委托乙公司加工烟丝。甲公司发出烟叶的计划成本为46000元，成本差异率为-3%。甲公司支付往返运费，取得运输业增值税专用发票，注明运费1300元，增值税130元，现金支付。甲公司取得乙公司开出的增值税专用发票，加工费10000元，增值税1600元。由乙公司代扣代缴的烟丝消费税为23408元，甲公司已通过银行支付加工费及增值税、消费税。甲公司收回烟丝用于生产卷烟（应税消费品）。该批烟丝的计划成本为54000元。2018年5月甲公司出售卷烟50箱，开出增值税专用发票，价款900000元，增值税144000元，款已收。卷烟的消费税税率为：定额税率为每箱150元，比例税率为45%。

甲公司相关会计处理如下：

（1）发出烟叶

借：委托加工物资—烟丝（乙公司）	44620	
材料成本差异	1380	
贷：原材料—烟叶		46000

（2）支付往返运费

借：委托加工物资—烟丝（乙公司）	1300	
应交税费—应交增值税（进项税额）	130	
贷：库存现金		1430

（3）支付加工费、增值税及消费税

借：委托加工物资—烟丝（乙公司）	10000	
应交税费—应交增值税（进项税额）	1600	
应交税费—应交消费税	23408	
贷：银行存款		35008

（4）收回烟丝，验收入库

借：原材料—烟丝	54000	
材料成本差异	1920	
贷：委托加工物资—烟丝（乙公司）		55920

（5）销售卷烟，确认收入

借：银行存款	1044000	

贷：主营业务收入　　　　　　　　　　900000

　　应交税费—应交增值税（销项税额）　144000

（6）结转已销卷烟的消费税

应交消费税=50×150+900000×45%=412500（元）。

借：营业税金及附加　　　　　　　412500

　贷：应交税费——应交消费税　　　　　412500

（7）交纳本月应交消费税

本月应交消费税=412500－23408=389092（元）。

借：应交税费—应交消费税　　　　389092

　贷：银行存款　　　　　　　　　　　389092

【例10】丙公司为增值税一般纳税企业，2018年5月发出木料，委托丁公司加工一次性木筷子。丙公司发出木料的实际成本为6500元。丁公司开出的增值税专用发票上注明，加工费2000元，增值税320元。丁公司代扣代缴消费税448元。款尚未支付。丙公司收回一次性木筷子直接用于出售。

丙公司相关会计处理如下：

（1）发出木料

借：委托加工物资　　　　　　　　6500

　贷：原材料　　　　　　　　　　　　6500

（2）结算加工费、增值税及消费税

借：委托加工物资　　　　　　　　2448

　　应交税费—应交增值税（进项税额）　320

　贷：应付账款　　　　　　　　　　　2768

（3）收回一次性木筷子，验收入库

借：库存商品　　　　　　　　　　8948

　贷：委托加工物资　　　　　　　　　8948

（消费税为生产、委托加工和进口应税消费品的单位和个人交纳的流转税之一，除特殊应税消费品外，销售环节不交纳消费税。）

六、库存商品

库存商品是指企业已完成全部生产过程并已验收入库、合乎标准规格和技术条件，可以按照合同规定的条件送交订货单位，或可以作为商品对外销售的产品以及外购或委托加工完成验收入库用于销售的各种商品。

为了反映和监督库存商品的增减变化，企业应设置“库存商品”科目，借方登记验收入库的库存商品成本，贷方登记发出的库存商品的成本，期末余额在借方，反映各种库存商品的实际成本。该科目应按库存商品的品种设置明细科目，进行明细核算。

(一) 工业企业库存商品的核算

1.验收入库

借：库存商品

　贷：生产成本

2.销售商品

借：主营业务成本

　贷：库存商品

(二) 商业企业库存商品的核算

商业企业的库存商品可以采用进价法核算，也可以采用售价法核算。采用进价法核算时，采购商品的核算与工业企业采购原材料的核算基本相同，销售商品的核算与工业企业销售商品的核算也基本相同。

售价法是指库存商品账户的总账与明细账均按售价登记，购进商品的进价与售价的差通过“商品进销差价”科目核算，月末，应分摊已销商品的进销差价，将已销商品的销售成本调整为实际成本。

1.购入商品

购入商品的实际成本=买价 + 运杂费 + 运输途中的合理损耗 + 入库前的整理挑选费用等采购支出。

商品进销差价=购入商品的售价 - 购入商品的实际成本。

借：库存商品（售价）

　应交税费—应交增值税（进项税额）

　贷：银行存款（实际支付价款）

　　商品进销差价（进销差价）

【例11】甲公司为一大型超市，为增值税一般纳税企业，2018年6月购入商品，取得增值税专用发票，价款300000元，增值税48000元。甲公司另付运费，取得增值税专用发票，注明运费10000元，增值税1000元。该批商品的售价为520000元。商品已验收入库，款已付。

购入商品的实际成本=300000+10000=310000（元）；

购入商品的进销差价=520000-310000=210000（元）。

借：库存商品　520000

　应交税费—应交增值税（进项税额）　49000

　贷：银行存款　359000

　　商品进销差价　210000

2.销售商品

商品进销差价率=（期初库存商品进销差价 + 本期购入商品的进销差价）÷（期初库存商品的售价+本期购入商品售价）×100%；

本期销售商品应分摊的进销差价=本期商品销售收入×商品进销差价率；

本期销售商品的成本=本期商品销售收入－本期已销商品应分摊的进销差价；

期末结存商品的成本=期末结存商品的售价–期末结存商品应分摊的进销差价。

借：主营业务成本（已销商品的成本）

  商品进销差价（已销商品应分摊的进销差价）

 贷：库存商品 （已销商品售价）

【例12】某商场2018年7月初“库存商品”科目余额为100万元，“商品进销差价”科目余额为10万元。该商场2018年7月购入商品，取得增值税专用发票，价款120万元，增值税19.2万元，款已付。该批商品的售价为140万元。该商场2018年7月取得商品含税销售收入174万元，款已收。该商场为增值税一般纳税企业。

（1）购入商品

借：库存商品 1400000

  应交税费—应交增值税（进项税额） 192000

 贷：银行存款 1392000

  商品进销差价 200000

（2）确认商品销售收入

不含税销售收入=174万÷（1+16%）=150万（元）；

增值税销项税额=150万×16%=24万（元）。

借：银行存款 1740000

 贷：主营业务收入 1500000

  应交税费—应交增值税（销项税额） 240000

（3）结转已销商品的成本

商品进销差价率=（10万+20万）÷（100万+140万）=12.5%；

本月已销商品应分摊的进销差价=150万×12.5%=18.75万（元）；

本月已销商品的成本=150万−18.75万=131.25万（元）；

月末结存商品的成本=（100万+140万−150万）−（10万+20万−18.75万）=78.75万（元）。

借：主营业务成本 1312500

  商品进销差价 187500

 贷：库存商品 1500000

七、存货清查

存货清查是指通过对存货的实地盘点，确定存货的实有数量，并与账面结存数量核对，从而确定存货实存数与账面结存数是否相符的一种专用方法。对于盘点出的存货盘盈、盘亏，应填写存货盘点报告，及时查明原因，按照规定程序报批处理。

为了反映企业在财产清查中查明的各种存货的盘盈、盘亏和毁损情况，企业应设置“待处理财产损溢”科目，借方登记存货的盘亏、毁损金额及盘盈的转销金额，贷方登记存货的盘盈金额及盘亏的转销金额。企业清查的各种存货损益，应在期末结账前处理完毕，期末处理后，本科目应无余额。

（一）存货盘盈的核算

1.发现存货盘盈，应按盘盈存货的现值，反映存货增加

借：原材料（或库存商品等）

　贷：待处理财产损溢

2.报经批准后，按财务制度规定，存货盘盈应做冲减管理费用处理

借：待处理财产损溢

　贷：管理费用

【例13】甲公司在财产清查中盘盈K材料1000千克，K材料市场价为每千克60元，经查属于收发计量方面的错误。

甲公司应做如下会计处理：

（1）批准处理前

借：原材料　　　　　　60000

　贷：待处理财产损溢　　　　60000

（2）批准处理后

借：待处理财产损溢　　60000

　贷：管理费用　　　　　　　60000

（二）存货盘亏及毁损的核算

1.发现存货盘亏及毁损，应按盘亏及毁损存货的实际成本，反映存货的减少。

借：待处理财产损溢

　贷：原材料（或库存商品等）

需要说明的是，若盘亏及毁损因非正常原因导致，还应结转不予抵扣的增值税。自然灾害造成的外购存货的毁损，其进项税可以抵扣，不需要转出。

借：待处理财产损溢

　贷：应交税费—应交增值税（进项税额转出）

2.报经批准后，按财务制度规定做如下处理：对于入库的残料价值，记入“原材料”科目；对于应由保险公司和过失人的赔款，记入“其他应收款”科目；扣除残料价值和应由保险公司、过失人赔款后的净损失，属于一般经营损失的部分，记入“管理费用”，属于非常损失的部分，记入“营业外支出”。

借：原材料

　　其他应收款

　　管理费用或营业外支出

贷：待处理财产损溢

【例14】甲公司在财产清查中，发现盘亏B材料50千克，实际单位成本20元，经查属于一般经营损失。

（1）批准处理前

借：待处理财产损溢　　1000

　贷：原材料—B材料　　1000

（2）批准处理后

借：管理费用　　1000

　贷：待处理财产损溢　　1000

【例15】甲公司在财产清查中发现毁损M材料300千克，实际单位成本100元，经查属于材料保管员的过失造成的，按规定由其个人赔偿20000元，残料已办理入库手续，价值2000元。

（1）批准处理前

借：待处理财产损溢　　30000

　贷：原材料—M材料　　30000

（2）批准处理后

借：原材料　　2000

　　其他应收款　　20000

　　管理费用　　8000

　贷：待处理财产损溢　　30000

【例16】甲公司因管理不善造成D材料毁损，实际成本70000元，保险公司同意赔偿50000元损失，盘亏D材料不予抵扣的增值税为11200元。

甲公司应做如下会计处理：

（1）批准处理前

借：待处理财产损溢　　81200

　贷：原材料—D材料　　70000

　　　应交税费—应交增值税（进项税额转出）　　11200

（2）批准处理后

借：其他应收款—保险公司　　50000

　　营业外支出　　31200

　贷：待处理财产损溢　　81200

第四讲　固定资产和无形资产的核算

一、固定资产

（一）固定资产的概念和特征

作为企业的固定资产，应具备以下两个特征：

（1）企业持有固定资产的目的，是为了生产商品、提供劳务、出租或经营管理的需要，而不像商品那样为了对外出售。

（2）企业使用固定资产的期限较长，使用寿命一般超过一个会计年度。

（二）固定资产的分类

实际工作中，企业大多数采用综合分类的方法作为编制固定资产目录，进行固定资产核算的依据。按固定资产的经济用途和使用情况等综合分类，可把企业的固定资产划分为七大类：

（1）生产经营用固定资产，指直接服务于企业生产、经营过程的各种固定资产。

（2）非生产经营用固定资产，指不直接服务于生产、经营过程的各种固定资产，如职工宿舍等使用的房屋、设备和其他固定资产等。

（3）租出固定资产，指在经营租赁方式下出租给外单位使用的固定资产。

（4）不需用固定资产。

（5）未使用固定资产。

（6）土地，指过去已经估价单独入账的土地。企业取得的土地使用权，应作为无形资产管理，不作为固定资产管理。

（7）融资租入固定资产，指企业以融资租赁方式租入的固定资产，在租赁期内，应视同自有固定资产进行管理。

（三）固定资产折旧

1.固定资产折旧概述

企业应当在固定资产的使用寿命内，按照确定的方法对应计折旧额进行系统分摊，根据固定资产的性质和使用情况，合理确定固定资产的使用寿命和预计净残值。固定资产的使用寿命、预计净残值一经确定，不得随意变更。

除以下情况外，企业应当对所有固定资产计提折旧：

（1）已提足折旧仍继续使用的固定资产；

（2）单独计价入账的土地。

在确定计提折旧的范围时，还应注意以下几点：

（1）固定资产应当按月计提折旧，当月增加的固定资产，当月不计提折旧，从下月起计提折旧；当月减少的固定资产，当月仍计提折旧，从下月起不计提折旧。

（2）固定资产提足折旧后，不论能否继续使用，均不再计提折旧；提前报废的固定资产，也不再补提折旧。

（3）已达到预定可使用状态但尚未办理竣工决算的固定资产，应当按照估计价值确定其成本，并计提折旧；待办理竣工决算后，再按实际成本调整原来的暂估价值，但不需要调整原已计提的折旧额。

2.固定资产的折旧方法

企业应当根据与固定资产有关的经济利益的预期实现方式，合理选择固定资产折旧方法。可选用的折旧方法包括年限平均法、工作量法、双倍余额递减法和年数总和法等。双倍余额递减法与年数总和法，因年折旧额逐年减少，统称为加速折旧法。

（1）双倍余额递减法

双倍余额递减法是指在不考虑固定资产预计净残值的情况下，根据每期期初固定资产原价减去累计折旧后的余额和双倍的直线法折旧率计算固定资产折旧的一种方法。采用双倍余额递减法计提固定资产折旧，一般应在固定资产使用寿命到期前两年内，将固定资产账面净值扣除预计净残值后的净值平均摊销。

年折旧率=2÷预计使用年限×100%；

年折旧额=年初固定资产账面净值×年折旧率；

月折旧额=年折旧额÷12。

需要说明的是，按双倍余额递减法计提折旧时，年折旧额指的是固定资产的一个使用年度的折旧额，而不是一个会计年度的折旧额。随固定资产净值的减少，年折旧额逐渐减少，但每一折旧年度内各月则平均摊销计算。

【例1】某企业2014年4月购入一项不需安装的固定资产，交付基本生产车间使用，原价为20000元，预计使用年限为5年，预计净残值为200元。采用双倍余额递减法计提折旧，每年的折旧额计算如下：

年折旧率=2/5×100%=40%；

第1年（2014年5月—2015年4月）折旧额=20000×40%=8000（元）；

第1年每月折旧额=8000/12=667（元）；

第2年（2015年5月—2016年4月）折旧额=（20000－8000）×40%=4800（元）；

第2年每月折旧额=4800/12=400（元）；

第3年（2016年5月—2017年4月）折旧额=（20000－12800）×40%=2880（元）；

第3年每月折旧额=2880/12=240（元）；

第4年（2017年5月—2018年4月）与第5年（2018年5月—2019年4月）最后两年折旧额=（20000－15680－200）/2=2060（元）；

最后两年每月折旧额=2060/12=172（元）；

该固定资产2017年度折旧额=240×4＋172×8=2336（元）。

该企业2017年3月计提该固定资产折旧，应编制如下会计分录：

借：制造费用　　　240

　贷：累计折旧　　　240

（2）年数总和法

年数总和法又称年限合计法，是指将固定资产的原价减去预计净残值后的余额，乘以一个逐年递减的分数计算每年折旧额，这个分数的分子代表固定资产尚可使用寿命，分母代表预计使用寿命逐年数字总和。

某年折旧率=尚可使用年限/预计使用寿命×（预计使用寿命+1）÷2；

某年折旧额=（原价－预计净残值）×该年折旧率；

某月折旧额=某年折旧额÷12。

【例2】上例固定资产采用年数总和法计提折旧，每年的折旧额计算如下：

年折旧率分母=5×（5+1）÷2=15；

第1年（2014年5月—2015年4月）折旧额=（20000－200）×5/15=6600（元）；

第1年每月折旧额=6600/12=550（元）；

第2年（2015年5月—2016年4月）折旧额=（20000－200）×4/15=5280（元）；

第2年每月折旧额=5280/12=440（元）；

第3年（2016年5月—2017年4月）折旧额=（20000－200）×3/15=3960（元）；

第3年每月折旧额=3960/12=330（元）；

第4年（2017年5月—2018年4月）折旧额=（20000－200）×2/15=2640（元）；

第4年每月折旧额=2640/12=220（元）；

第5年（2018年5月—2019年4月）折旧额=（20000－200）×1/15=1320（元）；

第5年每月折旧额=1320/12=110（元）；

该固定资产2017年度折旧额=330×4＋220×8=3080（元）。

该企业2017年6月计提该固定资产折旧，应编制如下会计分录：

借：制造费用　　　220

　贷：累计折旧　　　220

需要说明的是，采用年数总和法计提折旧时，年折旧额是指固定资产一个使用年限的折旧额，而不是一个会计年度的折旧额。随着年折旧率的递减，年折旧额逐年递减，但每一折旧年度各月折旧额则平均分摊。

（四）固定资产的后续支出

固定资产的后续支出是指固定资产在使用过程中发生的更新改造支出、修理费用等。

固定资产的更新改造等后续支出，满足固定资产确认条件的，应当计入固定资产成本，予以资本化；不满足固定资产确认条件的固定资产修理费用等后续支出，应当在发生时计入当期损益，予以费用化。

企业发生的固定资产修理费用，应按固定资产的用途，分别计入制造费用、管理费用、销售费用等科目中。按增值税暂行条例规定，一般纳税企业接受修理劳务，取得增值税专用发票时，增值税可予扣除。

支付修理费，做如下会计处理（增值税可予抵扣）：

借：制造费用或管理费用等

　　应交税费—应交增值税（进项税额）

　贷：银行存款或原材料等

【例3】乙公司为增值税一般纳税企业，2018年8月，乙公司对其管理部门使用的一台设备进行修理，取得修理厂开具的增值税专用发票，发票上注明修理费3000元，增值税510元，款已付。

乙公司应做如下会计处理：

借：管理费用　　　　　　　　　　　3000

　　应交税费—应交增值税（销项税额）　510

　贷：银行存款　　　　　　　　　　　3510

（五）固定资产清查

企业应当定期或者至少于每年年末对固定资产进行清查盘点，以保证固定资产核算的真实性，充分挖掘企业现有固定资产的潜力。在固定资产清查过程中，如果发现盘盈、盘亏的固定资产，应当填制固定资产盘盈盘亏报告表。清查固定资产的损益，应当及时查明原因，并按照规定程序报批处理。

1.固定资产的盘盈

企业在财产清查中盘盈的固定资产，根据《企业会计准则第28号——会计政策、会计估计变更和差错更正》的规定，应当作为重要的前期差错进行会计处理。企业在财产清查中盘盈的固定资产，在按管理权限报经批准处理前，应先通过“以前年度损益调整”科目核算。

盘盈的固定资产，应按重置成本确定其入账价值，借记“固定资产”科目，贷记“以前年度损益调整”科目。

【例4】丁公司为增值税一般纳税人，2019年1月5日在财产清查过程中发现，2017年12月购入的一台设备尚未入账，重置成本为30000元。假定丁公司按净利润的10%提取法定盈余公积，不考虑相关税费及其他因素的影响，丁公司应编制如下会计分录：

（1）盘盈固定资产时：

借：固定资产　　　　　　30000

　贷：以前年度损益调整　　　　30000

（2）结转为留存收益时：

借：以前年度损益调整　　30000

　贷：盈余公积—法定盈余公积　　3000

　　　利润分配—未分配利润　　　27000

本例中，盘盈固定资产应作为重要的前期差错进行会计处理，应通过“以前年度损益调整”进行核算。

2.固定资产的盘亏

企业在财产清查中盘亏的固定资产，按照盘亏固定资产的账面价值，借记“待处理财产损溢”科目，按照已计提的累计折旧，借记“累计折旧”科目，按照已计提的减值准备，借记“固定资产减值准备”科目，按照固定资产的原价，贷记“固定资产”科目。

企业按照管理权限报经批准后处理时，按照可收回的保险赔偿或过失人赔偿，借记“其他应收款”科目，按照应计入营业外支出的金额，借记“营业外支出—盘亏损失”科目，贷记“待处理财产损溢”科目。

【例5】乙公司为增值税一般纳税企业，2018年12月31日进行财产清查时，发现短缺一台笔记本电脑，原价为10000元，已计提折旧7000元，购入时增值税税额为1600元。乙公司应编制如下会计分录：

（1）盘亏固定资产时

借：待处理财产损溢　　3000

　　累计折旧　　7000

　贷：固定资产　　10000

（2）转出不可抵扣的进项税额时

借：待处理财产损溢　　480

　贷：应交税费—应交增值税（进项税额转出）　　480

（3）报经批准转销时

借：营业外支出—盘亏损失　　3480

　贷：待处理财产损溢　　3480

根据现行增值税制度规定，购进货物及不动产发生非正常损失，其负担的进项税额不得抵扣，其中购进货物包括被确认为固定资产的货物。但是，如果盘亏的是固定资产，应按其账面净值（即固定资产原价-已计提折旧）乘以适用税率计算不可以抵扣的进项税额。据此，在本例中，该笔记本电脑因盘亏，其购入时的增值税进项税额中不可从销项税额中抵扣的金额为：（10000-7000）×16% =480（元），应借记“待处理财产损溢”科目，贷记“应交税费—应交增值税（进项税额转出）”科目。

（六）固定资产减值

固定资产的初始入账价值是历史成本，由于固定资产使用年限较长，市场条件和经营环境的变化、科学技术的进步以及企业经营管理不善等原因，都可能导致固定资产创造未来经济利益的能力大大下降。因此，固定资产的真实价值有可能低于账面价值，在期末必须对固定资产减值损失进行确认。

固定资产在资产负债表日存在可能发生减值的迹象时，其可收回金额低于账面价值的，企业应当将该固定资产的账面价值减记至可收回金额，减记的金额确认为减值损失，计入当期损益，借记“资产减值损失—计提的固定资产减值准备”科目，同时，计提相应的资产减值准备，贷记“固定资产减值准备”科目。

需要强调的是，根据《企业会计准则第8号——资产减值》的规定，企业固定资产减值损失一经确认，在以后会计期间不得转回。

【例6】 2017年12月31日，丁公司的某生产线存在可能发生减值的迹象。经计算，该机器的可收回金额合计为1230000元，账面价值为1400000元，以前年度未对该生产线计提过减值准备。由于该生产线的可收回金额为1230000元，账面价值为1400000元，可收回金额低于账面价值，应按两者之间的差额170000元（1400000 -1230000）计提固定资产减值准备。丁公司应编制如下会计分录：

借：资产减值损失—计提的固定资产减值准备　170000

　贷：固定资产减值准备　　　　　　　　　　　　170000

二、无形资产

（一）无形资产的概念和特征

无形资产主要包括专利权、非专利技术、商标权、土地使用权等。

作为无形资产应具备以下三个特征：

（1）不具有实物形态。无形资产不像固定资产、存货等有形资产具有实际形态。

（2）具有可辨认性。无形资产像固定资产、存货一样可单独用于出售、转让、租赁等。

（3）属于长期资产。无形资产能够在多个会计期间为企业带来经济利益，其价值将在各个受益期间逐渐摊销。

（二）无形资产的核算

为了核算无形资产的取得、摊销和处置等情况，企业应设置“无形资产”“累计摊销”等科目。

“无形资产”科目核算企业持有的无形资产成本，借方登记取得无形资产的成本，贷方登记出售无形资产的成本，期末借方余额，反映企业无形资产的成本。本科目应按无形资产种类设置明细账，进行明细核算。

“累计摊销”科目核算企业对使用寿命有限的无形资产计提的累计摊销，贷方登记企业计提的无形资产摊销，借方登记处置无形资产转出的累计摊销，期末贷方余额，反映企业无形资产的累计摊销额。

无形资产的账面价值=“无形资产”科目期末借方余额－“累计摊销”科目期末贷方余额。

1.外购无形资产

外购无形资产的成本包括购买价款、相关税费以及直接归属于使该项资产达到预定用途所发生的其他支出。

借：无形资产

　贷：银行存款

【例7】甲公司2018年6月购入一项专利权，支付的买价和有关费用合计900000元，以银行存款支付。甲公司应做如下会计处理：

借：无形资产—专利权　　900000

　贷：银行存款　　　　　　900000

2.无形资产的摊销

企业应当于取得无形资产时分析判断其使用寿命。使用寿命有限的无形资产应进行摊销。使用寿命不确定的无形资产不应摊销。使用寿命有限的无形资产，其残值应视为零。对于使用寿命有限的无形资产应当自可供使用（即达到预定用途）当月起开始摊销，处置当月不再摊销。

无形资产摊销方法包括直线法、生产总量法等。企业应根据与无形资产有关的经济利益的预期实现方式，选择无形资产的摊销方法。无法可靠确定预期实现方式的，应当采用直线法摊销。

企业应当按月对无形资产进行摊销。无形资产的摊销额一般应计入当期损益，企业自用的无形资产，其摊销额计入管理费用；出租的无形资产，其摊销额计入其他业务成本。

借：管理费用或其他业务成本

　贷：累计摊销

【例8】接上例，若甲公司确定该专利权预计受益年限为5年，采用直线法摊销。

年摊销额=900000÷5=180000（元）；

月摊销额=180000÷12=15000（元）。

甲公司应自2018年6月开始对该专利权进行摊销，应做如下会计处理：

借：管理费用　　15000

　贷：累计摊销　　15000

3.无形资产的出售

企业出售无形资产，应当将取得的价款扣除该无形资产账面价值以及出售相关税费后的差额，计算出售无形资产的净损益，计入资产处置损益。出售无形资产（转让土地使用权外）适用增值税税率为6%，转让土地使用权适用增值税税率为10%。

借：银行存款

　　累计摊销

　贷：无形资产

　　　应交税费—应交增值税（销项税额）

　　　资产处置损益（出售净收益）

或：

借：银行存款

累计摊销

资产处置损益（出售净损失）

贷：无形资产

应交税费—应交增值税（销项税额）

【例9】接上例，若甲公司2008年9月因转产，该专利权不再使用，予以出售，开具增值税专用发票，注明价款650000元，税率6%。

出售时该专利权账面价值=900000－7500×15=787500（元）；

应交增值税=650000×6%=39000（元）；

出售净损失=189000－787500－39000=－137500（元）。

甲公司出售该专利权应作如下会计处理：

借：银行存款　　689000

累计摊销　　112500

资产处置损益　　137500

贷：无形资产　　900000

应交税费—应交增值税（销项税额）　　39000

第五讲　负债和所有者权益的核算

一、负债

负债是指企业过去的交易或者事项形成的、预期会导致经济利益流出企业的现时义务。

负债按流动性分类，可分为流动负债和非流动负债。

流动负债是指预计在一个正常营业周期中清偿或者自资产负债表日起一年内（含一年）到期应予以清偿的负债。流动负债主要包括短期借款、应付票据、应付账款、预收账款、应付职工薪酬、应交税费、应付利息、应付股利、其他应付款等。

非流动负债是指流动负债以外的负债，主要包括长期借款、应付债券等。

（一）应付票据

应付票据是指企业购买材料、商品和接受劳务供应等而开出、承兑的商业汇票，包括商业承兑汇票和银行承兑汇票。企业申请使用银行承兑汇票时，应向其承兑银行按票面金额的万分之五交纳手续费。

企业应设置“应付票据”科目，核算应付票据的发生、偿付等情况。该科目贷方登记开出、承兑汇票的面值，借方登记支付票据的面值，期末贷方余额，反映企业尚未到期的商业汇票的面值。该科目应按应付单位设置明细科目，进行明细核算。企业还应设置“应付票据备查簿”，详细登记商业汇票的种类、号数，出票日期、到期日，票面金额，交易合同和收款人姓名或单位名称，以及付款日期和金额等资料。应付票据到期结清时，应当在备查簿内予以注销。

1.采购材料，开出、承兑商业汇票

借：原材料

　　应交税费—应交增值税（进项税额）

　贷：应付票据（面值）

2.开出承兑商业汇票，抵前欠货款

借：应付账款

　贷：应付票据

3.支付银行承兑汇票手续费

借：财务费用

　贷：银行存款

4.商业汇票到期付款

借：应付票据

　贷：银行存款

【例1】甲公司为增值税一般纳税企业，2018年4月5日采购原材料，取得增值税专用发票，价款60000元，增值税9600元，原材料尚未收到，款未付。4月11日收到原材料，验收入库，该批材料的计划成本为61300元。4月20日甲公司开出、承兑的银行承兑汇票，面值69600元、期限为50天。甲公司原材料采用计划成本核算。

甲公司应做如下相关会计处理：

（1）4月5日采购原材料，收到发票账单，款未付

借：材料采购　　60000

　　应交税费—应交增值税（进项税额）　　9600

　贷：应付账款　　69600

（2）4月11日收到材料，验收入库

借：原材料　　61300

　贷：材料采购　　60000

　　　材料成本差异　　1300

（3）4月20日开出、承兑商业汇票，并支付银行承兑手续费

借：应付账款　　69600

　贷：应付票据　　69600

借：财务费用　　34.8

　贷：银行存款　　34.8

（4）6月9日汇票到期付款

借：应付票据　　　　69600

　贷：银行存款　　　　　69600

（二）预收账款

预收账款是指企业按照合同规定向购货单位预收的款项。

企业应设置“预收账款”科目，核算预收账款的取得、偿付等情况。该科目贷方登记收到的预收账款的金额和补收的金额。借方登记销货应收的金额和退回的预收账款金额，期末余额一般在贷方，反映企业已预收但尚未发货的金额；如为借方余额，反映企业应收未收的金额。该科目应按购货单位设置明细科目进行明细核算。预收款项不多的企业，可以不设置“预收账款”科目，发生预收款业务时，直接通过“应收账款”科目核算。

1.收到预收款

借：银行存款

　贷：预收账款

2.向购货方发货，确认销售

借：预收账款

　贷：主营业务收入

　　　应交税费—应交增值税（销项税额）

借：主营业务成本

　贷：库存商品

3.收到购货方补付的余款

借：银行存款

　贷：预收账款

4.退回多收的预收款

借：预收账款

　贷：银行存款

【例2】乙公司为增值税一般纳税企业，2018年5月12日收到购货方预付的购货款40000元。5月18日乙公司向购货方发货，开出增值税专用发票，价款90000元，增值税14400元，该批产品成本为76000元。以现金支付运费，取得增值税专用发票，注明运费1200元，增值税120元。5月26日，收到购货方补付的购货款。

乙公司应做如下相关会计处理：

（1）5月12日收到预收款

借：银行存款　　40000

　贷：预收账款　　　　40000

（2）5月18日发货确认销售，支付运杂费

借：预收账款　　104400

　贷：主营业务收入　　90000

　　　应交税费—应交增值税（销项税额）　　14400

借：主营业务成本　　76000

　贷：库存商品　　76000

借：销售费用　　1200

　　应交税费—应交增值税（进项税额）　　120

　贷：库存现金　　1320

（3）5月26日收到补付款

借：银行存款　　64400

　贷：预收账款　　64400

（三）应付职工薪酬

1.职工薪酬的内容

职工薪酬是指企业为获得职工提供的服务或解除劳动关系而给予的各种形式的报酬或补偿。职工薪酬包括短期薪酬、离职后福利、辞退福利和其他长期职工福利。企业提供给职工配偶、子女、受赡养人、已故员工遗属及其他受益人等的福利，也属于职工薪酬。

这里所称的“职工”，主要包括三类人员：一是与企业订立劳动合同的所有人员，含全职、兼职和临时职工；二是未与企业订立劳动合同，但由企业正式任命的企业治理层和管理层人员，如董事会成员、监事会成员等；三是在企业的计划和控制下，虽未与企业订立劳动合同或未由其正式任命，但向企业所提供服务与职工所提供服务类似的人员，也属于职工的范畴，包括通过企业与劳务中介公司签订用工合同而向企业提供服务的人员。

职工薪酬主要包括以下内容：

（1）短期薪酬

短期薪酬是指企业在职工提供相关服务的年度报告期间结束后12个月内需要全部予以支付的职工薪酬，因解除与职工的劳动关系给予的补偿除外。短期薪酬具体包括：

①职工工资、奖金、津贴和补贴，是指按照构成工资总额的计时工资、计件工资、支付给职工的超额劳动报酬和增收节支的劳动报酬、为补偿职工特殊或额外的劳动消耗和因其他特殊原因支付给职工的津贴，以及为保证职工工资水平不受物价影响支付给职工的物价补贴等。其中，企业按照短期奖金计划向职工发放的奖金属于短期薪酬，按照长期奖金计划向职工发放的奖金属于其他长期职工福利。

②职工福利费，是指企业向职工提供的生活困难补助费、丧葬补助费、抚恤费、职工异地安家费、防暑降温费等职工福利支出。

③医疗保险费、工伤保险费和生育保险费等社会保险费，是指企业按照国家规定的

基准和比例计算，向社会保险经办机构交纳的医疗保险费、工伤保险费和生育保险费。

④住房公积金，是指企业按照国家规定的基准和比例计算，向住房公积金管理机构交存的住房公积金。

⑤工会经费和职工教育经费，是指企业为了改善职工文化生活、为职工学习先进技术和提高文化水平和业务素质，用于开展工会活动和职工教育及职业技能培训等相关支出。

⑥短期带薪缺勤，是指职工虽然缺勤但企业仍向其支付报酬的安排，包括年休假、病假、婚假、产假、丧假、探亲假等。长期带薪缺勤属于其他长期职工福利。

⑦短期利润分享计划，是指因职工提供服务而与职工达成的基于利润或其他经营成果提供薪酬的协议。长期利润分享计划属于其他长期职工福利。

⑧其他短期薪酬，是指除上述薪酬以外的其他为获得职工提供的服务而给予的短期薪酬。

（2）离职后福利

离职后福利是指企业为获得职工提供的服务而在职工退休或与企业解除劳动关系后，提供的各种形式的报酬和福利，短期薪酬和辞退福利除外。企业应当将离职后福利计划分类为设定提存计划和设定受益计划。离职后福利计划，是指企业与职工就离职后福利达成的协议，或者企业为向职工提供离职后福利制定的规章或办法等。其中，设定提存计划，是指向独立的基金交存固定费用后，企业不再承担进一步支付义务的离职后福利计划；设定受益计划，是指除设定提存计划以外的离职后福利计划。

（3）辞退福利

辞退福利是指企业在职工劳动合同到期之前解除与职工的劳动关系，或者为鼓励职工自愿接受裁减而给予职工的补偿。

（4）其他长期职工福利

其他长期职工福利是指除短期薪酬、离职后福利、辞退福利之外所有的职工薪酬，包括长期带薪缺勤、长期残疾福利、长期利润分享计划等。

2.应付职工薪酬的科目设置

企业应设置“应付职工薪酬”科目，核算应付职工薪酬的计提、结算、使用等情况。该科目的贷方登记已分配计入有关成本费用项目的职工薪酬的数额，借方登记实际发放职工薪酬的数额，包括扣还的款项等；该科目期末贷方余额，反映企业应付未付的职工薪酬。

“应付职工薪酬”科目应按照“工资、奖金、津贴和补贴”“职工福利费”“非货币性福利”“社会保险费”“住房公积金”“工会经费和职工教育经费”“带薪缺勤”“利润分享计划”“设定提存计划”“设定受益计划义务”“辞退福利”等职工薪酬项目设置明细账进行明细核算。

3.短期薪酬的核算

企业应当在职工为其提供服务的会计期间，将实际发生的短期薪酬确认为负债，并计入当期损益，其他会计准则要求或允许计入资产成本的除外。

（1）货币性职工薪酬

①工资、奖金、津贴和补贴

对于职工工资、奖金、津贴和补贴等货币性职工薪酬，企业应当在职工为其提供服务的会计期间，将实际发生的职工工资、奖金、津贴和补贴等，根据职工提供服务的受益对象，将应确认的职工薪酬，借记“生产成本”“制造费用”“劳务成本”“管理费用”“销售费用”等科目，贷记“应付职工薪酬—工资、奖金、津贴和补贴”科目。

【例3】甲企业2017年7月份应付职工工资总额为693000元，“工资费用分配汇总表”中列示的产品生产人员工资为480000元，车间管理人员工资为105000元，企业行政管理人员工资为90600元，专设销售机构人员工资为17400元。甲企业应编制如下会计分录：

借：生产成本—基本生产成本　480000

　　制造费用　105000

　　管理费用　90600

　　销售费用　17400

　贷：应付职工薪酬—工资、奖金、津贴和补贴　693000

企业一般在每月发放工资前，根据“工资费用分配汇总表”中的“实发金额”栏的合计数，通过开户银行支付给职工或从开户银行提取现金，然后再向职工发放。

企业按照有关规定向职工支付工资、奖金、津贴、补贴等，借记“应付职工薪酬—工资、奖金、津贴和补贴”科目，贷记“银行存款”“库存现金”等科目；企业从应付职工薪酬中扣还的各种款项（代垫的家属药费、个人所得税等），借记“应付职工薪酬”科目，贷记“银行存款”“库存现金”“其他应收款”“应交税费—应交个人所得税”等科目。

【例4】承上例，甲企业根据“工资费用分配汇总表”结算本月应付职工工资总额693000元，其中企业代扣职工房租32000元、代垫职工家属医药费8000元，实发工资653000元。甲企业应编制如下会计分录：

向银行提取现金：

借：库存现金　653000

　贷：银行存款　653000

用现金发放工资：

借：应付职工薪酬—工资、奖金、津贴和补贴　653000

　贷：库存现金　653000

如果通过银行发放工资，该企业应编制如下会计分录：

借：应付职工薪酬—工资、奖金、津贴和补贴　653000

　贷：银行存款　653000

代扣款项：

借：应付职工薪酬—工资、奖金、津贴和补贴　40000

　贷：其他应收款—职工房租　32000

　　　　　　　—代垫医药费　8000

②职工福利费

对于职工福利费，企业应当在实际发生时根据实际发生额计入当期损益或相关资产成本，借记“生产成本”“制造费用”“管理费用”“销售费用”等科目，贷记“应付职工薪酬—职工福利费”科目。

【例5】乙企业下设一所职工食堂，每月根据在岗职工数量及岗位分布情况、相关历史经验数据等计算需要补贴食堂的金额，从而确定企业每期因补贴职工食堂需要承担的福利费金额。2017年9月，企业在岗职工共计200人，其中管理部门30人，生产车间生产人员170人，企业的历史经验数据表明，每个职工每月需补贴食堂150元。乙企业应编制如下会计分录：

借：生产成本　25500

　　管理费用　4500

　贷：应付职工薪酬—职工福利费　30000

本例中，乙企业应当计提的职工福利费= 150×200= 30000（元）。

【例6】承上例，2017年10月，乙企业支付30000元补贴给食堂。乙企业应编制如下会计分录：

借：应付职工薪酬—职工福利费　30000

　贷：银行存款　30000

③国家规定计提标准的职工薪酬

对于国家规定了计提基础和计提比例的医疗保险费、工伤保险费、生育保险费等社会保险费和住房公积金，以及按规定提取的工会经费和职工教育经费，企业应当在职工为其提供服务的会计期间，根据规定的计提基础和计提比例计算确定相应的职工薪酬金额，并确认相关负债，按照受益对象计入当期损益或相关资产成本，借记“生产成本”“制造费用”“管理费用”等科目，贷记“应付职工薪酬”科目。

【例7】承例3，2017年7月份，甲企业根据相关规定，分别按照职工工资总额的2%和2.5%的计提标准，确认应付工会经费和职工教育经费。甲企业应编制如下会计分录：

借：生产成本—基本生产成本　21600

　　制造费用　4725

　　管理费用　4077

　　销售费用　783

贷：应付职工薪酬—工会经费和职工教育经费—工会经费　　13860
—职工教育经费　　17325

本例中，应确认的应付职工薪酬=（480000+105000+90600+17400）×（2%+2.5%）=31185（元），其中，工会经费为13860元、职工教育经费为17325元。本例中，应记入“生产成本”科目的金额=480000×（2%+2.5%）=21600（元）；应记入“制造费用”科目的金额= 105000×（2%+2.5%）=4725（元）；应记入“管理费用”科目的金额=90600×（2%+2.5%）=4077（元）；应记入“销售费用”科目的金额=17400×（2%+2.5%）=783（元）。

【例8】2017年12月，丙企业根据国家规定的计提标准，计算应向社会保险经办机构交纳职工基本医疗保险费共计97020元，其中，应计入生产成本的金额为67200元，应计入制造费用的金额为14700元，应计入管理费用的金额为15120元。丙企业应编制如下会计分录：

借：生产成本—基本生产成本　　67200
制造费用　　14700
管理费用　　15120
贷：应付职工薪酬—社会保险费—基本医疗保险　97020

④短期带薪缺勤

对于职工带薪缺勤，企业应当根据其性质及职工享有的权利，分为累积带薪缺勤和非累积带薪缺勤两类。企业应当对累积带薪缺勤和非累积带薪缺勤分别进行会计处理。如果带薪缺勤属于长期带薪缺勤的，企业应当作为其他长期职工福利处理。

累积带薪缺勤，是指带薪权利可以结转下期的带薪缺勤，本期尚未用完的带薪缺勤权利可以在未来期间使用。企业应当在职工提供了服务从而增加了其未来享有的带薪缺勤权利时，确认与累积带薪缺勤相关的职工薪酬，并以累积未行使权利而增加的预期支付金额计量。确认累积带薪缺勤时，借记“管理费用”等科目，贷记“应付职工薪酬—带薪缺勤—短期带薪缺勤—累积带薪缺勤”科目。

【例9】丁企业共有2000名职工，从2017年1月1日起，该企业实行累积带薪缺勤制度。该制度规定，每个职工每年可享受5个工作日带薪年休假，未使用的年休假只能向后结转一个公历年度，超过1年未使用的权利作废，在职工离开企业时也无权获得现金支付；职工休年假时，首先使用当年可享受的权利，不足部分再从上年结转的带薪年休假中扣除。

2017年12月31日，丁企业预计2018年有1900名职工将享受不超过5天的带薪年休假，剩余100名职工每人将平均享受6天半年休假，假定这100名职工全部为总部各部门经理，该企业平均每名职工每个工作日工资为300元。不考虑其他相关因素。2017年12月31日，丁企业应编制如下会计分录：

借：管理费用　　45000

贷：应付职工薪酬—带薪缺勤—短期带薪缺勤累积带薪缺勤　45000

丁企业在2017年12月31日应当预计由于职工累积未使用的带薪年休假权利而导致的预期支付的金额，即相当于150天［100×（6.5−5）＝150（天）］的年休假工资金额45000元［150×300＝45000（元）］。

非累积带薪缺勤，是指带薪权利不能结转下期的带薪缺勤，本期尚未用完的带薪缺勤权利将予以取消，并且职工离开企业时也无权获得现金支付。我国企业职工休婚假、产假、丧假、探亲假、病假期间的工资通常属于非累积带薪缺勤。由于职工提供服务本身不能增加其能够享受的福利金额，企业在职工未缺勤时不应当计提相关费用和负债。为此，企业应当在职工实际发生缺勤的会计期间确认与非累积带薪缺勤相关的职工薪酬。

企业确认职工享有的与非累积带薪缺勤权利相关的薪酬，视同职工出勤确认的当期损益或相关资产成本。通常情况下，与非累积带薪缺勤相关的职工薪酬已经包括在企业每期向职工发放的工资等薪酬中，因此，不必额外做相应的账务处理。

（2）非货币性职工薪酬

企业以其自产产品作为非货币性福利发放给职工的，应当根据受益对象，按照该产品的含税公允价值计入相关资产成本或当期损益，同时确认应付职工薪酬，借记“生产成本”“制造费用”“管理费用”等科目，贷记“应付职工薪酬—非货币性福利”科目。将企业拥有的房屋等资产无偿提供给职工使用的，应当根据受益对象，将该住房每期应计提的折旧计入相关资产成本或当期损益，同时确认应付职工薪酬，借记“生产成本”“制造费用”“管理费用”等科目，贷记“应付职工薪酬—非货币性福利”科目，并且同时借记“应付职工薪酬—非货币性福利”科目，贷记“累计折旧”科目。租赁住房等资产供职工无偿使用的，应当根据受益对象，将每期应付的租金计入相关资产成本或当期损益，并确认应付职工薪酬，借记“生产成本”“制造费用”“管理费用”等科目，贷记“应付职工薪酬—非货币性福利”科目。难以认定受益对象的非货币性福利，直接计入当期损益和应付职工薪酬。

【例10】甲公司为家电生产企业，共有职工200名，其中170名为直接参加生产的职工，30名为总部管理人员。2018年12月，甲公司以其生产的每台成本为900元的电暖器作为春节福利发放给公司每名职工。该型号的电暖器不含增值税的市场售价为每台1000元，甲公司适用的增值税税率为16%。甲公司应编制如下会计分录：

借：生产成本　197200

　　管理费用　34800

　贷：应付职工薪酬—非货币性福利　232000

本例中，应确认的应付职工薪酬=200×1000+200×1000×16%=232000（元）。

其中，应记入“生产成本”科目的金额=170×1000+170×1000×16%=197200（元）；

应记入“管理费用”科目的金额=30×1000+30×1000×16%=34800（元）。

【例11】甲公司为总部各部门经理级别以上职工提供汽车免费使用，同时为副总裁以上高级管理人员每人租赁一套住房。甲公司总部共有部门经理以上职工20名，每人提供一辆桑塔纳汽车免费使用，假定每辆桑塔纳汽车每月计提折旧1000元；该公司共有副总裁以上高级管理人员5名，公司为其每人租赁一套面积为200平方米的公寓，月租金为每套8000元（含税）。甲公司应编制如下会计分录：

确认提供汽车的非货币性福利：

借：管理费用　　20000

　贷：应付职工薪酬—非货币性福利　　20000

借：应付职工薪酬—非货币性福利　　20000

　贷：累计折旧　　20000

企业提供汽车供职工使用的非货币性福利=20×1000=20000（元）。

确认为职工租赁住房的非货币性福利：

借：管理费用　　40000

　贷：应付职工薪酬—非货币性福利　　40000

企业租赁住房供职工使用的非货币性福利=5×8000=40000（元）。

企业以自产产品作为职工薪酬发放给职工时，应确认主营业务收入，借记“应付职工薪酬—非货币性福利”科目，贷记“主营业务收入”科目，同时结转相关成本，涉及增值税销项税额的，还应进行相应的处理，借记“应付职工薪酬—非货币性福利”科目，贷记“应交税费—应交增值税（销项税额）”科目。企业支付租赁住房等资产供职工无偿使用所发生的租金，借记“应付职工薪酬—非货币性福利”科目，贷记“银行存款”等科目。

【例12】承例10、11，甲公司向职工发放电暖器作为福利，应确认主营业务收入，同时根据现行增值税制度规定，计算增值税销项税额。甲公司应编制如下会计分录：

借：应付职工薪酬—非货币性福利　　232000

　贷：主营业务收入　　200000

　　　应交税费—应交增值税（销项税额）　　32000

借：主营业务成本　　180000

　贷：库存商品—电暖器　　180000

甲公司应确认的主营业务收入=200×1000=200000（元）；

甲公司应确认的增值税销项税额=200×1000×16%=32000（元）；

甲公司应结转的销售成本=200×900=180000（元）。

甲公司每月支付副总裁以上高级管理人员住房租金时，应编制如下会计分录：

借：应付职工薪酬—非货币性福利　　40000

　贷：银行存款　　40000

4.设定提存计划的核算

对于设定提存计划，企业应当根据在资产负债表日为换取职工在会计期间提供的服务而向单独主体交存的提存金，确认为应付职工薪酬，并计入当期损益或相关资产成本，借记“生产成本”“制造费用”“管理费用”“销售费用”等科目，贷记“应付职工薪酬—设定提存计划”科目。

【例13】承上例，甲企业根据所在地政府规定，按照职工工资总额的12%计提基本养老保险费，交存当地社会保险经办机构。2017年7月份，甲企业交存的基本养老保险费，应计入生产成本的金额为57600元，应计入制造费用的金额为12600元，应计入管理费用的金额为10872元，应计入销售费用的金额为2088元。甲企业应编制如下会计分录：

借：生产成本—基本生产成本　　57600
　　制造费用　　12600
　　管理费用　　10872
　　销售费用　　2088
　贷：应付职工薪酬—设定提存计划—基本养老保险费　　83160

二、所有者权益

所有者权益是指企业资产扣除负债后由所有者享有的剩余权益。公司所有者权益又称为股东权益。所有者权益具有以下特征：(1) 除非发生减资、清算或分派现金股利，企业不需要偿还所有者权益；(2) 企业清算时，只有在清偿所有的负债后，所有者权益才返还给所有者；(3) 所有者凭借所有者权益能够参与企业利润的分配。所有者权益的来源包括所有者投入的资本、其他综合收益、留存收益等，通常由实收资本（或股本）、其他权益工具、资本公积、其他综合收益、留存收益构成。

（一）实收资本

我国有关法律规定，投资者设立企业首先必须投入资本。企业申请开业，必须具备国家规定的与其生产经营和服务规模相适应的资金。为了反映和监督投资者投入资本的增减变动情况，企业必须按照国家统一会计制度的规定进行实收资本的核算，真实地反映所有者投入企业资本的状况。除股份有限公司以外，其他各类企业应通过“实收资本”科目核算，股份有限公司应通过“股本”科目核算。现介绍股份有限公司吸收资本的核算。

股份有限公司发行股票时，既可以按面值发行股票，也可以溢价发行（我国目前不准许折价发行）。“股本”科目用来核算企业发行股票的面值，该科目贷方登记发行股票的面值，借方登记收回股票的面值，期末贷方余额表示企业已发行股票的面值总额。

1.面值发行股票

借：银行存款
　贷：股本

2.溢价发行股票

溢价发行股票，实际发行额超过面值的部分，计入资本公积（股本溢价）。

借：银行存款

　贷：股本

　　资本公积—股本溢价

【例14】丙公司2017年1月1日发行股票20万股，每股面值1元，每股发行价3元。

股票发行价=200000×3=600000（元）；

股票面值=200000×1=200000（元）。

借：银行存款　600000

　贷：股本　　　200000

　　资本公积—股本溢价　　400000

（二）资本公积

资本公积是企业收到投资者超出其在企业注册资本（或股本）中所占份额的投资，以及直接计入所有者的利得和损失等。股份制以外的企业收到投资者投入的超出其在企业注册资本中所占的份额的投资，称为资本溢价；股份制企业溢价发行股票，超出面值的部分，称为股本溢价。资本公积可用于转增资本。

企业应设置"资本公积"科目，进行资本公积的核算，该科目贷方登记资本公积金的增加，借方登记资本公积金的减少，期末贷方余额反映资本公积的结存金额。

该科目包括资本溢价（或股本溢价）和其他资本公积两个明细科目。

1.资本溢价

除股份有限公司以外的其他类型的企业，在创立时，投资者认交的出资额与注册资本一致，一般不会产生资本溢价。但在企业有新的投资者加入时，常常会出现资本溢价。因为在企业进行正常生产经营后，企业有内部积累，新投资者加入企业后，对这些积累也要分享，所以新加入的投资者往往要付出大于原投资者的出资额，才能取得与原投资者相同的出资比例。投资者多交的部分就形成了资本溢价。

【例15】A有限责任公司由两位投资者投资200000元设立，每人各出资100000元。一年后，为扩大经营规模，A有限责任公司接受第三位投资者加入。按照投资协议，新投资者需交现金110000元，同时享有该公司1/3的股份。

A公司收到第三位投资者投资时应做如下会计处理：

借：银行存款　　110000

　贷：实收资本　　100000

　　资本公积—资本溢价　　10000

2.股本溢价

股份有限公司是以发行股票的方式筹集股本的，股票可按面值发行，也可按溢价发行，我国目前不准折价发行股票。与其他类型的企业不同，股份有限公司在成立时可能会溢价发行股票，因而成立之初，就可能会产生股本溢价。股本溢价的数额等于股份有限公司发行股票时实际收到的金额超过股票面值总额的部分。

发行股票相关手续费、佣金等交易费用，如果是溢价发行股票的，应从溢价中抵扣，冲减资本公积（股本溢价）；无溢价发行股票或溢价金额不足以抵扣的，应将不足抵扣的部分冲减盈余公积和未分配利润。

【例16】B股份有限公司首次公开发行股票500万股，每股面值1元，每股发行价4元。B公司以银行存款支付发行手续费60万元。假定发行收入已全部收到，发行费用已全部支付，不考虑其他因素。

B公司应做如下会计处理：

（1）发行股票

借：银行存款　　　　　　20000000

　贷：股本　　　　　　　　　　　5000000

　　　资本公积—股本溢价　　　　15000000

（2）支付发行手续费

借：资本公积—股本溢价　　600000

　　贷：银行存款　　　　　　　　600000

（三）利润分配

利润分配是指企业根据国家有关规定和企业章程、投资者协议等，对企业当年可供分配的利润所进行的分配。

利润分配的顺序依次是：（1）提取法定盈余公积；（2）提取任意盈余公积；（3）向投资者分配利润。

盈余公积是指企业按规定从净利润中提取的企业积累资金。公司制企业的盈余公积包括法定盈余公积和任意盈余公积。法定盈余公积和任意盈余公积的区别在于其各自计提的依据不同，前者以国家的法律为依据，后者由企业的权力机构自行决定。

按照《公司法》有关规定，公司制企业应按照净利润（减弥补以前年度亏损）的10%提取法定盈余公积。非公司制企业法定盈余公积的提取比例可超过净利润的10%。法定盈余公积累计额已达到注册资本的50%时可以不再提取。值得注意的是，在计算提取法定盈余公积的基数时，不应包括企业年初未分配利润。

企业提取的盈余公积经批准可用于弥补亏损、转增资本等。

未分配利润是经过弥补亏损、提取法定盈余公积、提取任意盈余公积和向投资者分配利润等利润分配之后剩余的利润，它是企业留待以后年度进行分配的历年结存的利润。

企业应通过“利润分配”科目，核算企业利润的分配（或亏损的弥补）和历年分配（或弥补）后的未分配利润（或未弥补的亏损）。该科目应分别设置“提取法定盈余公积”“提取任意盈余公积”“应付现金股利”“盈余公积补亏”和“未分配利润”等明细科目进行明细核算。企业未分配利润通过“利润分配—未分配利润”明细科目进行核算。

年度终了，企业应将全年实现的净利润或发生的净亏损，自“本年利润”科目转入

“利润分配—未分配利润”科目，并将“利润分配”科目所属其他明细科目的余额转入“未分配利润”明细科目。结转后“利润分配—未分配利润”科目如为贷方余额，表示累积未分配的利润数额；如为借方余额，则表示累积未弥补的亏损数额。

1.提取法定盈余公积

法定盈余公积的金额=（净利润－弥补以前年度亏损）×10%。

借：利润分配—提取法定盈余公积

　贷：盈余公积—法定盈余公积

2.提取任意盈余公积

任意盈余公积的金额=（净利润－弥补以前年度亏损）×企业自行确定的比例。

借：利润分配—提取任意盈余公积

　贷：盈余公积—任意盈余公积

3.向投资者分配利润

借：利润分配—应付现金股利

　贷：应付股利

4.结转已分配利润

已分配利润是指企业提取的法定盈余公积、任意盈余公积和向投资者分配的利润，反映在“利润分配”相关明细账中，为了计算年末未分配利润，应将其转入“利润分配—未分配利润”明细账中。

借：利润分配—未分配利润

　贷：利润分配—提取法定盈余公积

　　　利润分配—提取任意盈余公积

　　　利润分配—应付现金股利

【例17】C公司2018年实际净利润500万元，“利润分配—未分配利润”科目年初借方余额为200万元。C公司按10%提取法定盈余公积，按20%提取任意盈余公积，向投资者分配现金股利100万元。

C公司应做如下相关会计处理：

（1）结转本年净利润

借：本年利润　　5000000

　贷：利润分配—未分配利润　　5000000

（2）提取盈余公积

应提取法定盈余公积=（5000000－2000000）×10%=300000（元）；

应提取任意盈余公积=（5000000－2000000）×20%=600000（元）。

借：利润分配—提取法定盈余公积　300000

　　利润分配—提取任意盈余公积　600000

　贷：盈余公积—法定盈余公积　　300000

盈余公积—任意盈余公积 600000

（3）向投资者分配现金股利

借：利润分配—应付现金股利 1000000

贷：应付股利 1000000

（4）结转已分配利润

已分配利润=300000 + 600000 + 1000000=1900000（元）。

借：利润分配—未分配利润 1900000

贷：利润分配—提取法定盈余公积 300000

利润分配—提取任意盈余公积 600000

利润分配—应付现金股利 1000000

C公司2018年末“利润分配—未分配利润”科目贷方余额为110万元，表示C公司结存未分配利润为110万元。

5.盈余公积弥补亏损

以前年度未弥补的亏损，反映在“利润分配—未分配利润”科目的借方，动用盈余公积弥补亏损时，应先通过“利润分配—盈余公积补亏”科目反映，然后转入“利润分配—未分配利润”科目中。

借：盈余公积

贷：利润分配—盈余公积补亏

借：利润分配—盈余公积补亏

贷：利润分配—未分配利润

6.盈余公积转增资本

借：盈余公积

贷：实收资本

下　篇

第一讲 支付结算

一、支付结算概述

（一）支付结算的概念

支付结算是指单位、个人在社会经济活动中使用票据、银行卡和汇兑、托收承付、委托收款等结算方式进行货币给付及其资金清算的行为，其主要功能是完成资金从一方当事人向另一方当事人的转移。

按照国家有关规定，凡是独立核算的企业都必须在当地银行开立账户。企业在银行开立账户后，除按核定的限额保留库存现金外，超过限额的现金必须存入银行；除在规定的范围内可以用现金直接支付的款项外，在经营过程中所发生的其他货币收支业务，都必须通过银行存款账户进行结算。

《支付结算办法》规定，现行银行支付方式有票据和信用卡，其中票据又包括银行汇票、商业汇票、银行本票和支票，结算方式有汇兑、委托收款、托收承付和信用证。

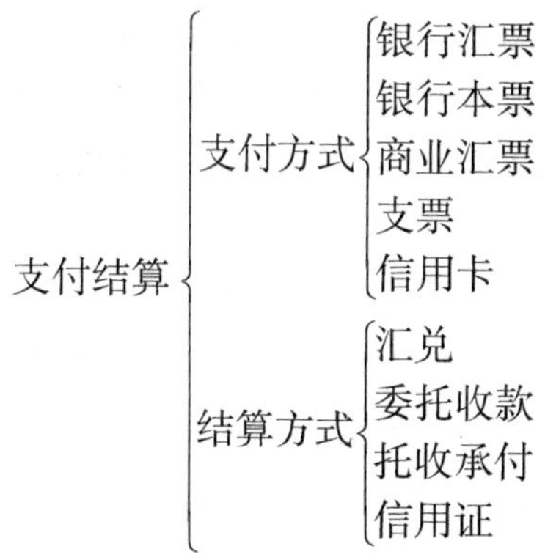

（二）支付结算的特征

支付结算作为一种法律行为，具有以下法律特征：

1. 支付结算必须通过中国人民银行批准的金融机构进行

《支付结算办法》规定："银行是支付结算和资金清算的中介机构。未经中国人民银行批准的非银行金融机构和其他单位不得作为中介机构经营支付结算业务。但法律、行政法规另有规定的除外。"

2. 支付结算是一种要式行为

所谓要式行为是指法律规定必须按照一定形式进行的行为。如果该行为不符合法定的形式要件，即为无效。

3. 支付结算的发生取决于委托人的意志

银行在支付结算中充当中介机构，因此，银行只要以善意且符合规定的正常操作程序审查，未发现异常而支付金额的，对出票人或付款人不再承担受委托付款的责任，对持票人或收款人不再承担付款的责任。当事人对在银行的存款有自己的支配权。

4. 支付结算实行统一管理和分级管理相结合的管理体制

《支付结算办法》规定，中国人民银行总行负责制定统一的支付结算制度，组织、协调、管理、监督全国的支付结算工作；中国人民银行各分行根据统一的支付结算制度制定实施细则，报总行备案。政策性银行、商业银行总行可根据统一的支付结算制度，结合本行情况，制定具体管理实施办法，报经中国人民银行总行批准后执行。

（三）银行结算纪律

企业通过银行办理支付结算时，应当认真执行国家各项管理办法和结算制度。中国人民银行《支付结算办法》规定：单位和个人办理支付结算，不准签发没有资金保证的票据和远期支票，套取银行信用；不准签发、取得和转让没有真实交易和债权债务的票据，套取银行和他人资金；不准无理拒绝付款，任意占用他人资金；不准违反规定开立和使用账户。

（四）办理支付结算的基本要求

单位、个人和银行办理支付结算，必须使用按中国人民银行统一规定印制的票据凭证和统一规定的结算凭证。票据和结算凭证是办理支付结算的工具。未使用按中国人民银行统一规定印制的票据，票据无效；未使用中国人民银行统一规定格式的结算凭证，银行不予受理。

单位、个人和银行应当按照《人民币银行结算账户管理办法》的规定开立、使用账户。在银行开立存款账户的单位和个人办理支付结算，账户内需有足够的资金保证支付。银行依法为单位、个人在银行开立的存款账户中的存款保密；除国家法律另有规定外，银行不得为任何单位、个人查询账户情况，不得为任何单位、个人冻结、扣划款项，不得停止正常支付。

票据和结算凭证上的签章和其他记载事项应当真实，不得伪造、变造。票据和结算凭证的金额、出票或签发日期、收款人名称不得更改，更改的票据无效；更改的结算凭证，银行不予受理。对票据和结算凭证上的其他记载事项，原记载人可以更改，更改时应当由原记载人在更改处签章证明。票据和结算凭证上的签章，为签名或盖章或者签名加盖章。单位、银行在票据上的签章和单位在结算凭证上的签章，为该单位、银行的盖章加其法定代表人或其授权的代理人的签名或者盖章。个人在票据和结算凭证上的签章，为本人的签名或者盖章。

填写票据和结算凭证应当规范，做到要素齐全，数字正确，字迹清晰，不错不漏，不潦草，防止涂改。票据和结算凭证金额以中文大写和阿拉伯数码同时记载，两者必须一致，两者不一致的票据无效；两者不一致的结算凭证，银行不予受理。

（五）填写票据和结算凭证的基本要求

中文大写金额数字应用正楷或行书填写。如壹、贰、叁、肆、伍、陆、柒、捌、玖、拾、佰、仟、万、亿、零等字样。不得用一、二（两）、三、四、五、六、七、八、九、十、另填写。不得自造简化字。

中文大写金额到“元”为止的，在“元”之后，应写“整”（或“正”）字，在“角”之后可以不写“整”（或“正”字）。大写金额数字有分的，“分”后面不写“整”（或“正”字）。

中文大写金额数字前应标明“人民币”字样，大写金额数字应紧接“人民币”字样填写，不得留有空白。大写金额数字前未印“人民币”字样的，应加填“人民币”三字。在票据和结算凭证大写金额内不得预印固定的“仟、佰、拾、万、拾、角、分”字样。

阿拉伯小写数字中有“0”时，中文大写应按照汉语语言规律、金额数字构成和防止涂改的要求进行书写：

（1）阿拉伯数字中间有“0”时，中文大写金额要写“零”字。如￥1409.50，应写成人民币壹仟肆佰零玖元伍角。

（2）阿拉伯数字中间连续有几个“0”时，中文大写金额中间可以只写一个“零”字。如￥6007.14，应写成人民币陆仟零柒元壹角肆分。

（3）阿拉伯数字的万位或元位是“0”，或者数字中间连续有几个“0”，万位、元位也是“0”，但千位、角位不是“0”时，中文大写金额中可以只写一个零字，也可以不写零字。如￥1680.32，应写成人民币壹仟陆佰捌拾元零叁角贰分，或者写成人民币壹仟陆佰捌拾元叁角贰分。如￥107000.53，应写成人民币壹拾万柒仟元零伍角叁分，或者写成人民币壹拾万零柒仟元伍角叁分。

（4）阿拉伯金额数字角位是“0”，而分位不是“0”时，中文大写金额“元”后面应写“零”字。如￥16409.02，应写成人民币壹万陆仟肆佰零玖元零贰分。如￥325.04，应写成人民币叁佰贰拾伍元零肆分。

阿拉伯小写金额数字前面，均应填写人民币符号“￥”。阿拉伯小写金额数字要认真填写，不得连写，不得分辨不清。

票据的出票日期必须使用中文大写。为防止变造票据的出票日期，在填写月、日时，月为壹、贰和壹拾的，日为壹至玖和壹拾、贰拾和叁拾的，应在其前加“零”；日为拾壹至拾玖的，应在其前面加“壹”。如2月12日，应写成零贰月壹拾贰日；10月20日，应写成零壹拾月零贰拾日。

票据出票日期使用小写填写的，银行不予受理。大写日期未按要求规范填写的，银行可予受理，但由此造成损失的，由出票人自行承担。

二、支付结算方式

（一）银行汇票

银行汇票是出票银行签发的，由其在见票时按照实际结算金额无条件支付给收款人或者持票人的票据。银行汇票可以用于转账。填明“现金”字样的银行汇票也可以用于支取现金。单位和个人在同城、异地或统一票据交换区域的各种款项结算，均可使用银行汇票。

1.银行汇票支付程序

企业采用银行汇票进行支付结算的具体程序如下：

（1）申请人申请办理银行汇票。申请人需填写“银行汇票申请书”，到开户银行办理银行汇票。如需要到异地提取现金，需在汇票申请书上填明兑付银行的名称并在申请书的“汇款金额”栏先填写“现金”字样后，再填写汇款金额。

（2）银行签发银行汇票。银行收到申请人送交的“银行汇票申请书”，经审核无误后盖章并签发银行汇票。银行将盖章的申请书存根联及签发的银行汇票退交申请人，申请人据此编制付款凭证记账。

（3）办理款项结算。申请人将银行汇票提交收款人，办理款项结算。

（4）办理进账或取款。收款人在办理进账时要填写一式二联的进账单，连同汇票（第二联）及解款通知（汇票第三联）提交给开户银行。如收款人持有的银行汇票带有“现金”字样，则需到指定银行提取现金。

（5）通知收款。银行审查受理，退回进账单第一联，企业根据退回的进账单及有关原始凭证编制收款凭证记账。

（6）收款人向付款人提供商品。

（7）通知汇票已解付。收款单位开户银行将银行汇票解款通知联（第三联）随进账单寄往汇款单位开户银行，通知汇票已解付。

（8）结算划转款项。

（9）余款退回。当汇票金额超过实际结算金额时，多余款项由银行退给申请人或转入汇款单位账户。汇款单位根据退款收账通知编制收款凭证记账。

2.银行汇票的特点

（1）方便及时，结算迅速。票随人到，见票付款，有利于企业和个人的急需用款和及时采购。

（2）使用广泛。企业、个人同城及异地间各种款项均可使用。

（3）灵活方便，适用性强。持票人既可以将汇票转让给销货单位，也可以到汇入银行支取现金。

（4）结算准确，余款自动退回。可以钱货两清，防止不合理的预付货款和交易尾欠的发生。

（5）信用度高，安全可靠。银行汇票由银行签发，有可靠的支付保证，而且银行内部有一套严密的处理程序和技术措施，申请人的汇款相当安全。

（6）收款人收取银行汇票办理进账方便、迅速，能及时收到款项。

3.采用银行汇票支付的有关规定

（1）银行汇票一律记名。

（2）银行汇票的付款期限为1个月（按次月对日计算，到期遇法定休假日顺延），逾期汇票兑付银行不予受理。

（3）超过付款期限不获付款的，持票人需在票据权利时效内向出票银行做出说明，并提供本人身份证件或单位证明，持银行汇票和解款通知向出票银行请求付款。

申请人因银行汇票超过付款期限或其他原因要求退款时，应将银行汇票和解讫通知同时提交到出票银行。申请人为单位的，应出具单位证明；申请人为个人的，应出具本人的身份证件。申请人缺少解讫通知要求付款的，出票银行应于银行汇票提示付款期满后1个月后办理。

（4）银行汇票的收款人可以将银行汇票背书转让给他人，背书转让以不超过出票金额的实际结算金额为限，未填写实际结算金额或实际结算金额超过出票金额的银行汇票不得背书转让。

（5）申请使用现金银行汇票的，其申请人和收款人必须都是个人，申请人或者收款人为单位的，银行不予签发现金银行汇票。

（6）银行汇票丧失，失票人可以凭人民法院出具的其享有票据权利的证明，向出票银行请求付款或退款。

4.结算双方的会计处理

申请签发银行汇票的一方，应设置“其他货币资金—银行汇票存款”账户进行银行汇票存款的核算。

其他货币资金是指除现金和银行存款以外的货币资金，主要包括以下内容：

（1）外埠存款，是指企业到外地进行临时或零星采购时，汇往采购地银行开立采购专户的款项。

（2）银行汇票存款，是指企业为取得银行汇票按规定存入银行的款项。

（3）银行本票存款，是指企业为取得银行本票按规定存入银行的款项。

（4）信用卡存款，是指企业为取得银行信用卡按规定存入银行的款项。

（5）信用证保证金，是指企业为取得信用证按规定存入银行的款项。

（6）存出投资款，是指企业为购买股票、债券、基金等根据有关规定存入在证券公司指定银行开立的投资款专户的款项。

企业应设置“其他货币资金”账户，核算各种其他货币资金的增减变化。该账户为资产类账户。按种类设置明细账户，进行明细核算。

现以购货业务说明银行汇票结算双方的会计处理。

【例1】甲公司与乙公司均为增值税一般纳税企业。2018年1月甲公司销售一批产品给乙公司，双方约定采用银行汇票结算。1月18日，乙公司向开户银行申请签发面值为200000元的银行汇票，银行受理后，将银行汇票及解讫通知交付乙公司。1月20日乙公司收到甲公司发来的原材料及增值税专用发票，价款170000元，增值税27200元。甲公司以现金代垫运费，乙取得增值税专用发票，注明运费1000元，增值税100元。原材料已验收入库。同日乙公司将面值为200000元的银行汇票及解讫通知交付甲公司。1月22日，甲公司将银行汇票、解讫通知及进账单交付开户行，银行受理后，办理转账。1月25日，乙公司收到开户行开出的汇票结算单。乙公司原材料按实际成本计价核算，甲公司该批产品成本为140000元。

乙公司会计处理如下：

（1）1月18日申请签发银行汇票

借：其他货币资金—银行汇票存款　　200000

　贷：银行存款　　200000

（2）1月20日采购材料

借：原材料　　171000

　　应交税费—应交增值税（进项税额）　　27300

　贷：其他货币资金—银行汇票存款　　198300

（3）1月25日收到银行汇票结算通知单

借：银行存款　　1700

　贷：其他货币资金—银行汇票存款　　1700

甲公司会计处理如下：

1月22日销售产品

借：银行存款　　198300

　贷：主营业务收入　　170000

　　　应交税费—应交增值税（销项税额）　　27200

　　　库存现金　　1100

借：主营业务成本　　140000

　贷：库存商品　　140000

（二）银行本票

银行本票是银行签发的，承诺自己在见票时无条件支付确定的金额给收款人或持票人的票据。单位和个人在同一票据交换区域需要支付的各种款项，均可使用银行本票。

银行本票分定额本票和不定额本票。定额本票面值分别为1000元、5000元、10000元和50000元。不定额本票没有票面金额起点，也没有最高限额。在票面划去转账字样的为现金本票，现金本票只能用于支取现金。

银行本票可以用于转账，注明“现金”字样的银行本票可以用于支取现金。银行本票的提示付款期限为自出票日起最长不超过2个月。银行本票的办理程序及兑付要求基本同银行汇票。

申请签发银行本票的单位，应设置"其他货币资金—银行本票存款"账户，核算银行本票存款。

现以接受劳务为例说明银行本票的核算。

【例2】甲公司与乙公司均为增值税一般纳税企业。2018年1月5日，双方签订合同，乙公司为甲公司提供大修理劳务，合同价5000元（不含增值税），采用银行本票结算。1月12日甲公司向开户银行申请签发面值为6000元的银行本票，银行受理后，将银行本票及解讫通知交付甲公司。同日，甲公司将银行本票及解讫通知交付乙公司。1月13日，乙公司开出增值税专用发票，修理费5000元，增值税800元。1月14日乙公司将银行本票、解讫通知及进账单交付开户行，银行受理后，办理转账。1月16日甲公司收到银行本票结算通知单。乙公司提供大修理劳务共发生费用2300元，均为职工薪酬；提供劳务为公司的主营业务。

甲公司会计处理如下：

（1）1月12日甲公司申请签发银行本票时

借：其他货币资金—银行本票存款　6000

　贷：银行存款　6000

（2）1月13日甲公司收到专用发票时

借：管理费用　5000

　　应交税费—应交增值税（进项税额）　800

　贷：其他货币资金—银行本票存款　5800

（3）1月16日甲公司收到银行本票结算通知单时

借：银行存款　200

　贷：其他货币资金—银行本票存款　200

乙公司会计处理如下：

（1）1月13日开出增值税专用发票时

借：应收账款　5800

　贷：主营业务收入　5000

　　　应交税费—应交增值税（销项税额）　800

借：主营业务成本　2300

　贷：应付职工薪酬　2300

（2）1月14日收款时

借：银行存款　5800

　贷：应收账款　5800

（三）商业汇票

商业汇票是出票人签发的，委托付款人在指定日期无条件支付确定的金额给收款人或者持票人的票据。

商业汇票在同城或异地均可使用，在银行开立账户的法人及其他组织之间，具有真实的商品交易关系或债权债务关系才能使用商业汇票。商业汇票按承兑人不同，分为商业承兑汇票和银行承兑汇票。

1. 商业承兑汇票

商业承兑汇票的出票人为在银行开立存款账户的法人及其他组织，可以由付款人签发并承兑，也可以由收款人签发交由付款人承兑。其具体支付程序及核算如下：

（1）承兑汇票。承兑时，付款人应在汇票正面记载“承兑”字样和承兑日期并签章。承兑不得附有条件，否则视为拒绝承兑。付款人根据签发的汇票存根及有关单据编制记账凭证，借记“原材料”“应交税费—应交增值税（进项税额）”等科目，贷记“应付票据”科目。收款人根据付款人交来的商业承兑汇票及有关单据编制记账凭证，借记“应收票据”科目，贷记“主营业务收入”“应交税费—应交增值税（销项税额）”等科目。需要注意的是，收款人应将汇票的复印件作为附件入账，汇票原件在到期时需要交付银行办理收款业务。

（2）汇票到期办理收款手续。收款人持到期的商业承兑汇票委托开户银行收款。

（3）银行传递汇票。收款人开户行审核委托收款凭证和汇票，确认无误后，将其传递给付款人开户行。

（4）通知付款。付款人根据开户银行的付款通知编制付款凭证，借记“应付票据”科目，贷记“银行存款”科目。

（5）银行划转款项。付款人开户银行审核委托收款凭证和汇票，确认无误后，将款项划拨给收款人开户银行并通知付款人。

（6）通知收款。收款人根据银行转来的收款通知编制收款凭证，借记“银行存款”科目，贷记“应收票据”科目。

2. 银行承兑汇票

银行承兑汇票由银行承兑，由在承兑银行开立存款账户的法人或其他组织签发的商业汇票。银行承兑汇票与商业承兑汇票的处理基本相同，但有以下两点不同：一是出票人应按票面金额的0.5‰向承兑银行交纳手续费，计入财务费用；二是银行承兑汇票的出票人应于汇票到期日前将票款足额交存其开户银行。承兑银行在汇票到期日或到期日后的汇票当日支付票款，若出票人在汇票到期日未能足额存款时，承兑银行应向汇票持票人无条件付款，承兑银行将出票人尚未支付的汇票款转为逾期贷款，并按每天0.5‰计收利息。其具体支付程序和核算如下：

（1）持汇票申请承兑。付款人填制承兑协议向银行申请承兑。

（2）银行受理。汇票经开户银行承兑，付款人应交纳承兑手续费，交纳手续费时编制付款凭证，借记“财务费用”科目，贷记“银行存款”科目。

（3）交付承兑汇票。付款人将银行承兑汇票交给收款人时，应编制记账凭证，借记“原材料”“应交税费—应交增值税（进项税额）”等科目，贷记“应付票据”科目。收款人在收到付款人的银行承兑汇票时，应编制记账凭证，借记“应收票据”科目，贷记“主营业务收入”“应交税费—应交增值税（销项税额）”等科目。

（4）汇票到期送交转账。收款人填写进账单，连同已到期的银行承兑汇票送交开户银行办理进账。

（5）银行内部传递票据，划拨转账。

（6）收款人凭进账单入账。收款人根据银行盖章退回的进账单第一联编制收款凭证，借记“银行存款”科目，贷记“应收票据”科目。

（7）通知票款已从其账户中支付。付款人根据银行转来的付款通知做账，借记“应付票据”科目，贷记“银行存款”科目。

3.采用商业汇票支付的有关规定

（1）商业汇票签发、使用时，商业汇票的付款人、收款人均必须是在银行开立存款账户的法人及其他组织，并且必须具有真实的交易关系或债权债务关系。

（2）商业汇票的付款期限由交易双方商定，但最长不得超过6个月。

（3）商业汇票可以背书转让；符合条件的商业汇票的持票人可持未到期的商业汇票向银行申请贴现。

【例3】甲公司、乙公司均为增值税一般纳税企业。2018年1月20日，甲公司销售一批产品给乙公司，开出增值税专用发票，价款80000元，增值税12800元。同日开出面值为92800元、期限为3个月的商业承兑汇票交付乙公司承兑，乙公司当日办理承兑。甲公司该批产品成本为52000元。甲公司另以现金支付运费，取得增值税专用发票，注明运费1000元，增值税100元。1月23日乙公司收到采购的材料，全部验收入库，该公司原材料采用实际成本核算。汇票到期时，乙公司足额付款。

甲公司会计处理如下：

（1）1月20日销售商品时

借：应收票据　　92800
　贷：主营业务收入　　80000
　　　应交税费—应交增值税（销项税额）　　12800

借：主营业务成本　　52000
　贷：库存商品　　52000

借：销售费用　　1000
　　应交税费—应交增值税（进项税额）　　100
　贷：库存现金　　1100

（2）4月20日收到汇票款时

借：银行存款　　　　92800

　贷：应收票据　　　　92800

若汇票到期乙公司未支付票款，甲公司应做如下会计处理：

借：应收账款　　　　92800

　贷：应收票据　　　　92800

乙公司会计处理如下：

（1）1月23日采购材料时

借：原材料　　　　80000

　　应交税费—应交增值税（进项税额）　　12800

　贷：应付票据　　　　92800

（2）4月20日汇票到期付款时

借：应付票据　　　　92800

　贷：银行存款　　　　92800

若汇票到期乙公司存款不足，未付款，应做如下会计处理：

借：应付票据　　　　92800

　贷：应付账款　　　　92800

【例4】甲公司为增值税一般纳税企业，乙公司为增值税小规模纳税企业。2018年1月16日，甲公司销售一批产品给乙公司，开出增值税普通发票，价款30000元，增值税4800元。款未收到。该批产品成本为24000元。1月30日甲公司收到乙公司同日开具的面值为34800元、期限为2个月的银行承兑汇票。1月20日乙公司收到采购的材料，全部验收入库。

甲公司会计处理如下：

（1）1月16日销售产品时

借：应收账款　　　　34800

　贷：主营业务收入　　　　30000

　　　应交税费—应交增值税（销项税额）　　4800

借：主营业务成本　　　　24000

　贷：库存商品　　　　24000

（2）1月30日收到商业汇票时

借：应收票据　　　　34800

　贷：应收账款　　　　34800

（3）3月30日汇票到期收款时

借：银行存款　　　　34800

　贷：应收票据　　　　34800

乙公司会计处理如下：

（1）1月20日收到材料时

借：原材料　　　　　　　34800

　贷：应付账款　　　　　　　34800

（2）1月30日开具银行承兑汇票，并支付承兑手续费时

借：应付账款　　　　　　　34800

　贷：应付票据　　　　　　　34800

借：财务费用　　　　　　　17.4

　贷：银行存款　　　　　　　17.4

（3）3月30日汇票到期付款时

借：应付票据　　　　　　　34800

　贷：银行存款　　　　　　　34800

若汇票到期乙公司存款不足，未付款，应做如下会计处理：

借：应付票据　　　　　　　34800

　贷：短期借款　　　　　　　34800

若4月5日乙公司支付逾期汇票款，应做如下会计处理：

借：短期借款　　　　　　　34800

　　财务费用　　　　　　　104.4

　贷：银行存款　　　　　　　34904.4

（四）支票

支票是出票人签发的、委托办理支票存款业务的银行在见票时无条件支付确定的金额给收款人或者持票人的票据。单位和个人在同一票据交换区域（同城）的各种款项结算，均可使用支票。支票上印有“现金”字样的为现金支票，它只能用于提取现金；支票上印有“转账”字样的为转账支票，它只能用于转账；支票上未印有“现金”或“转账”字样的为普通支票，它可以用于转账，也可以用于提取现金。在普通支票左上角划两条平行线的，为划线支票，划线支票只能用于转账，不得支取现金。

1.支票支付程序及核算

（1）签发支票。付款人签发支票，将支票交收款人办理结算。付款人根据支票存根和有关单据编制付款凭证，借记有关科目，贷记“银行存款”科目。

（2）提供产品或劳务。收款人向付款人提供产品或劳务。

（3）支票送存银行。收款人填一式二联的进账单，连同支票一起送交开户银行，办理进账。

（4）通知款项已入账。收款人根据银行盖章退回的进账单第一联和有关原始凭证编制收款凭证，借记“银行存款”科目，贷记有关科目。

2.采用支票支付的有关规定

（1）出票人签发支票的金额，不得超过付款时在付款人处实有的存款金额（即不得

签发空头支票）；不得签发与其预留银行签章不符的支票；使用密码的支票，出票人不得签发支付密码错误的支票，否则，银行除予以退票外，并按票面金额处以5%不低于1000元的罚款，持票人有权要求出票人赔偿支票金额2%的赔偿金。

（2）持票人应在提示付款期限内，委托开户银行收款。委托收款时，在支票背面背书人签章栏签章、记载“委托收款”字样、背书日期，在背书人栏记载开户银行名称，并将支票和填制的进账单送交开户银行。

（3）支票的提示付款期限为自出票日起10日。超过提示付款期限提示付款的，持票人开户银行不予受理，付款人不予付款。

（4）支票一律记名。转账支票可以根据需要在票据交换区域内背书转让。

（5）要素填写齐全的支票允许挂失止付。

现以购销业务为例说明支票结算双方的核算。

【例5】甲公司、丙商店均为增值税一般纳税企业。2018年1月甲公司从丙商店购入一批办公用品，丙公司开具增值税专用发票，价款2000元，增值税320元。甲公司开出面值为2320元的转账支票支付。1月16日丙公司将转账支票及进账单送存开户银行，银行受理后，办理转账。丙商店该批商品成本为1600元。

甲公司会计处理如下：

借：管理费用　　2000

　　应交税费—应交增值税（进项税额）　　320

　贷：银行存款　　2320

丙商店会计处理如下：

借：银行存款　　2320

　贷：主营业务收入　　2000

　　　应交税费—应交增值税（销项税额）　　320

借：主营业务成本　　1600

　贷：库存商品　　1600

三、结算方式结算

（一）汇兑

汇兑是汇款人委托银行将其款项支付给收款人的结算方式。汇兑分信汇、电汇两种。异地的单位和个人的各种款项的结算，均可以采用汇兑结算方式。这种划拨款项简便、灵活。

采用汇兑结算方式的具体结算程序及核算如下：

（1）委托银行汇款。付款人委托银行汇款时，应填写银行印发的汇款凭证，列明收款人名称、汇款金额及汇款用途等项目，送达开户银行，委托银行将款项汇往收汇银行。

（2）银行受理后退回回单联。付款人根据汇款回单编制付款凭证，借记有关科目，贷记“银行存款”科目。

（3）划转汇款。受托银行将款项汇往收汇银行。

（4）通告款项入账。收款人根据银行收款通知编制收款凭证，借记“银行存款”科目，贷记有关科目。

（二）委托收款

委托收款是收款人委托银行向付款人收取款项的结算方式。单位和个人凭已承兑的商业汇票、债券、存单等付款人债务证明办理款项结算，均可以使用委托收款结算方式。委托收款在同城、异地均可以使用。委托收款结算款项划回方式，分邮寄和电报两种。

采用委托收款结算方式的具体程序及核算如下：

（1）收款人发出产品或提供劳务。

（2）委托银行收款。收款人应向银行提交委托收款凭证和有关债权证明。在委托收款凭证中写明付款人名称、收款人名称、账号及开户银行、委托收款金额的大小写，款项内容、委托收款凭据名称及附寄单证张数等。

（3）银行同意受理，退回委托收款凭证回单。收款人根据银行的回单做账务处理，借记“应收账款”科目，贷记“主营业务收入”“应交税费—应交增值税（销项税额）”等科目。

（4）银行之间传递凭证。受托银行与付款人开户银行之间传递凭证。

（5）通知付款。付款人收到银行交给的委托收款凭证及债务证明，应在3天之内审查债务证明是否真实，是否是本单位的债务，确认之后通知银行付款。如果不通知银行，银行视同企业同意付款，在第4日从单位账户中付出此笔委托收款款项。如果付款人在3日内审查有关债务证明后，认为债务证明或与此有关的事项符合拒绝付款的规定，应出具拒绝付款理由书和委托收款凭证第五联及持有的债务证明，向银行提出拒绝付款。付款人同意付款，应根据银行转来的委托收款凭证付款通知联和有关的原始凭证编制付款凭证，借记有关科目，贷记“银行存款”科目。

（6）银行之间划转款项。

（7）通知款项收妥。收款人根据银行转来的收款通知编制收款凭证，借记“银行存款”科目，贷记“应收账款”科目。

【例6】甲公司、乙公司均为增值税一般纳税企业。2018年1月25日甲公司销售一批产品给乙公司，开出增值税专用发票，价款70000元，增值税11200元。该批产品成本为48000元。1月28日甲公司委托开户银行收款，填制了委托收款凭证，提交发票，银行受理后，将回单交付甲公司。1月30日乙公司收到材料，全部验收入库，通知银行付款。2月3日甲公司收到委托收款收账通知单。

甲公司会计处理如下：

（1）1月28日销售产品，办妥委托收款手续时

借：应收账款　　　　　　　　　　　　81200
　　贷：主营业务收入　　　　　　　　　　　70000
　　　　应交税费—应交增值税（销项税额）　11200
借：主营业务成本　　　　　　　　　　48000
　　贷：库存商品　　　　　　　　　　　　　48000

（2）2月3日收到收账通知时

借：银行存款　　　　　　　　　　　　81200
　　贷：应收账款　　　　　　　　　　　　　81200

乙公司会计处理如下：

1月30日，材料入库，通知银行付款时：

借：原材料　　　　　　　　　　　　　70000
　　应交税费—应交增值税（进项税额）　11200
　　贷：银行存款　　　　　　　　　　　　　81200

（三）托收承付

托收承付是根据购销合同由收款人发货后委托银行向异地付款人收取款项，由付款人向银行承认付款的结算方式。

1.托收承付结算程序及核算

（1）收款人按照购销合同发货。

（2）委托银行收款。收款人发货后，填写托收承付凭证，盖章后连同发运证件或其他符合托收承付结算的有关证明和交易单证送交开户银行办理托收手续。

（3）收款人开户银行受理后退回托收凭证回单。

（4）传递凭证。收款人开户银行将结算凭证寄往付款人开户银行。

（5）通知付款。付款人开户银行通知付款人承认付款。

（6）同意付款。付款人收到托收承付结算凭证和所附单据后，应立即审核是否符合订货合同的规定。付款人若承认付款，根据托收结算凭证和所附的发票账单、运单等单据编制付款凭证，借记“原材料”“应交税费—应交增值税（进项税额）”等科目，贷记“银行存款”科目。

（7）划转款项。付款人开户银行将款项划拨给收款人开户银行。

（8）通知货款已收妥入账。收款人收到银行转来的收款通知单后，根据托收结算凭证的回单及有关单据编制收款凭证，借记“银行存款”科目，贷记“主营业务收入”“应交税费—应交增值税（销项税额）”等科目。

2.采用托收承付结算的有关规定

（1）使用托收承付结算方式的收款单位和付款单位，必须是签有符合商品购销合同的国有企业、供销合作社以及经营管理较好并经开户银行审查同意的城乡集体所有制工业企业。购销双方必须签有符合《经济合同法》的购销合同，并在合同上订明使用托收承付结算方式。

（2）办理托收承付结算的款项必须是商品交易以及因商品交易产生的劳务供应的款项。托收承付结算每笔的金额起点为10000元。

（3）购货企业收到托收承付结算凭证和所附单据后，应立即审核是否符合订货合同的规定。承付货款分验单付款和验货付款两种，由收付双方商量选用，并在合同中明确规定。验单付款的承付期为3天，从付款人开户银行发出承付通知的次日算起（承付期内遇法定节假日顺延）。付款人在承付期内，未向银行表示拒绝付款，银行即视作承付，并在承付期满次日（遇法定节假日顺延）上午银行开始营业时，将款项主动从付款人账户内付出，按照收款人指定的划款方式，划给收款人。验货付款的承付期为10天，从运输部门向付款人发出到货通知的次日算起。付款人收到提货通知后，应立即向银行交验货提货通知的，付款人在银行发出承付通知的次日起10天内，未收到提货通知的，应在第10天将货物未到达情况通知银行。在第10天付款人没有通知银行的，银行视作已经验货，于第10天满的次日上午（遇法定节假日顺延）银行开始营业时，将款项划给收款人；在第10天付款人通知银行货物未到，而以后收到提货通知没有及时送交银行，银行仍按10天期满的次日作为划款日期，并按照超过天数，计扣逾期付款每于5%的赔偿金。

（4）购货企业在承付期内发现有下列情况可向银行提出全部或部分拒绝付款：未签订合同或合同中未订明托收承付方式；未经双方事先达成协议，收款人提前交货或逾期交货且付款人不再需要该货物；未按合同规定的到货地址发货的款项；代销、寄销、赊销商品的款项；验单付款，发现所列货物的品种、规格、数量、价格与合同不符，或货物已到，经验货与合同或发货清单不符；验货付款，经验货与合同或发货清单不符；货款已支付或计算错误。购货企业提出拒绝付款理由交银行办理，但拒付的货物应妥善保管。

四、信用卡和信用证

（一）信用卡

信用卡是指商业银行向个人和单位发行的，凭此向特约单位购物、消费和向银行存取现金，且具有消费信用的特制载体卡片。信用卡按使用对象分为单位卡和个人卡，按信誉等级分为金卡和普通卡。

凡在中国境内金融机构开立基本存款账户的单位可申请单位卡。同城、异地均可使用。单位卡可申领若干张，持卡人资格由申领单位法定代表人或其委托的代理人书面指定和注销。持卡人不得出租或转借信用卡。

申领信用卡时，应按规定填制申请表，连同有关资料一并送发卡银行，符合条件并按银行要求交存一定金额的备用金后，银行为申领人开立信用卡存款账户，并发给信用卡。企业交存的这部分备用金已经具有特定用途，属于其他货币资金。企业取得信用卡时，应借记“其他货币资金—信用卡存款”科目，贷记“银行存款”科目。

1.信用卡结算程序

（1）持卡人用卡购物或消费并在签购单上签字；

（2）商户向持卡人提供商品或劳务；

（3）商户向发卡银行提交签购单；

（4）发卡银行向商户付款；

（5）发卡银行向持卡人发付款通知。

2.采用信用卡结算的有关规定

（1）单位卡资金一律从基本存款账户转入，不得交存现金，不得将销货收入的款项存入，同时也不得支取现金。办理销户时，单位卡账户余额应转入基本存款账户。

（2）持卡人可持信用卡在特约单位购货、消费。单位卡不得用于10万元以上的商品交易、劳务供应款项的结算。

（3）信用卡在规定的限额和期限内允许善意透支，透支额金卡最高不得超过10000元，普通卡最高不得超过5000元。透支期限最长为60天。

（4）如信用卡遗失，持卡人应立即持有效证明并按规定提供有关情况，向发卡银行或代办银行申请挂失。

【例7】甲公司2018年1月1日向开户银行申领一张10万元的信用卡，银行受理后，将信用卡及结算凭证交付甲公司。甲公司信用卡持卡人为公司总裁张某。1月张某使用信用卡招待客户，消费4万元。

甲公司会计处理如下：

（1）收到申领的信用卡时

借：其他货币资金—信用卡存款　100000

　贷：银行存款　　　　　　　100000

（2）持卡人使用信用卡消费时

借：管理费用　　　　　　　40000

　贷：其他货币资金—信用卡存款　40000

（二）信用证

信用证是指开证银行依照申请人的申请开出的、凭符合信用条款的单据支付的付款承诺，并明确规定该信用证为不可撤销、不可转让的跟单信用证。信用证结算方式是国际结算的一种主要方式，经中国人民银行批准经营结算业务的商业银行总行以及经商业银行总行批准开办信用证结算业务的分支机构等均可以办理国内企业之间商品交易的信用证结算业务。

企业需使用信用证时，应填写“信用证委托书”，将信用证保证金交存开证行。销货单位收到信用证时，按购销合同约定发货，签发有关发票账单，并连同运输单据和信用证交给银行，开证行审核单证完全符合信用证所规定条款时立即付款。

信用证存款，应通过“其他货币资金—信用证保证金存款”账户进行核算。具体账务处理同银行汇票存款基本相同。

第二讲　交易性金融资产

企业的金融资产是指企业持有的现金、其他方的权益工具以及符合下列条件之一的资产：一是从其他方收取现金或其他金融资产的合同权利；二是在潜在有利条件下，与其他方交换金融资产或金融负债的合同权利；三是将来须用或可用企业自身权益工具进行结算的非衍生工具合同，且企业根据该合同将收到可变数量的自身权益工具；四是将来须用或可用企业自身权益工具进行结算的衍生工具合同，但以固定数量的自身权益工具交换固定金额的现金或其他金融资产的衍生工具合同除外。其中，企业自身权益工具不包括应当按照《企业会计准则第37号——金融工具列报》分类为权益工具的可回售工具和发行方仅在清算时才有义务向另一方按比例交付其净资产的金融工具，也不包括本身就要求在未来收取或交付企业自身权益工具的合同。本讲只涉及以公允价值计量且其变动计入当期损益的金融资产中的交易性金融资产的内容和账务处理。

一、交易性金融资产的内容

交易性金融资产主要是指企业为了近期内出售而持有的金融资产，如企业以赚取差价为目的从二级市场购入的股票、债券、基金等。

二、交易性金融资产的账务处理

（一）交易性金融资产核算应设置的会计科目

为了反映和监督交易性金融资产的取得、收取现金股利或利息、出售等情况，企业应当设置“交易性金融资产”“公允价值变动损益”“投资收益”等科目进行核算。

“交易性金融资产”科目核算企业分类为以公允价值计量且其变动计入当期损益的金融资产，其中包括企业为交易目的所持有的债券投资、股票投资、基金投资等交易性金融资产的公允价值。“交易性金融资产”科目的借方登记金融资产的取得成本、资产负债表日其公允价值高于账面余额的差额，以及出售金融资产时结转公允价值低于账面余额的变动金额；贷方登记资产负债表日其公允价值低于账面余额的差额，以及企业出售金融资产时结转的成本和公允价值高于账面余额的变动金额。企业应当按照交易性金融资产的类别和品种，分别设置“成本”“公允价值变动”等明细科目进行核算。

“公允价值变动损益”科目核算企业交易性金融资产等的公允价值变动而形成的应计入当期损益的利得或损失。“公允价值变动损益”科目的借方登记资产负债表日企业持有的交易性金融资产等的公允价值低于账面余额的差额，贷方登记资产负债表日企业持有的交易性金融资产等的公允价值高于账面余额的差额。

“投资收益”科目核算企业持有交易性金融资产等的期间内取得的投资收益以及出售交易性金融资产等实现的投资收益或投资损失，借方登记企业取得交易性金融资产时支付的交易费用、出售交易性金融资产等发生的投资损失，贷方登记企业持有交易性金融资产等的期间内取得的投资收益以及出售交易性金融资产等实现的投资收益。

（二）取得交易性金融资产

企业取得交易性金融资产时，应当按照该金融资产取得时的公允价值作为其初始入账金额。公允价值是指市场参与者在计量日发生的有序交易中，出售一项资产所能收到或者转移一项负债所需支付的价格。在公平交易中，熟悉情况的交易双方自愿进行资产交换或者债务清偿的金额。金融资产的公允价值，应当以市场交易价格为基础加以确定。

企业取得交易性金融资产所支付价款中包含了已宣告但尚未发放的现金股利或已到付息期但尚未领取的债券利息，应当单独确认为应收项目。

企业取得交易性金融资产所发生的相关交易费用应当在发生时计入当期损益，冲减投资收益，发生交易费用取得增值税专用发票的，进项税额经认证后可从当月销项税额中扣除。交易费用是指可直接归属于购买、发行或处置金融工具的增量费用。增量费用是指企业没有发生购买、发行或处置相关金融工具的情形就不会发生的费用，包括支付给代理机构、咨询公司、券商、证券交易所、政府有关部门等的手续费、佣金、相关税费以及其他必要支出，不包括债券溢价、折价、融资费用、内部管理成本和持有成本等与交易不直接相关的费用。

企业取得交易性金融资产，应当按照该金融资产取得时的公允价值，借记“交易性金融资产—成本”科目，按照发生的交易费用，借记“投资收益”科目，发生交易费用取得增值税专用发票的，按其注明的增值税进项税额，借记“应交税费—应交增值税（进项税额）”科目，按照实际支付的金额，贷记“其他货币资金”等科目。

【例1】2018年5月1日，甲公司从上海证券交易所购入A上市公司股票1000000股，该笔股票投资在购买日的公允价值为10000000元，另支付相关交易费用25000元，取得的增值税专用发票上注明的增值税税额为1500元。甲公司将其划分为交易性金融资产进行管理和核算。甲公司应编制如下会计分录：

（1）2018年5月1日，购买A上市公司股票时

借：交易性金融资产—A上市公司股票—成本　10000000

　贷：其他货币资金—存出投资款　10000000

（2）2018年5月1日，支付相关交易费用时

借：投资收益—A上市公司股票　25000

　　应交税费—应交增值税（进项税额）　1500

　贷：其他货币资金—存出投资款　26500

在本例中，取得交易性金融资产所发生的相关交易费用25000元，应当在发生时记入“投资收益”科目，而不记入“交易性金融资产—成本”科目。

【例2】假定2018年5月1日，甲公司从上海证券交易所购入A上市公司股票1000000股，支付价款10000000元（其中包含已宣告但尚未发放的现金股利600000元），另支付相关交易费用25000元，取得的增值税专用发票上注明的增值税税额为1500元。甲公司将其划分为交易性金融资产进行管理和核算。甲公司应编制如下会计分录：

（1） 2018年5月1日，购买A上市公司股票时

借：交易性金融资产—A上市公司股票—成本　　9400000

　　应收股利—A上市公司股票　　600000

　贷：其他货币资金—存出投资款　　10000000

（2）2018年5月1日，支付相关交易费用时：

借：投资收益—A上市公司股票　　25000

　　应交税费— 应交增值税（进项税额）　　1500

　贷：其他货币资金—存出投资款　　26500

在本例中，取得交易性金融资产所发生的相关交易费用25000元，应当在发生时记入“投资收益”科目，而不记入“交易性金融资产—成本”科目。取得交易性金融资产支付价款10000000元中所包含的已宣告但尚未发放的现金股利600000元，应当记入“应收股利”科目。

（三）持有交易性金融资产

企业持有交易性金融资产期间对于被投资单位宣告发放的现金股利或已到付息期但尚未领取的债券利息，应当确认为应收项目，并计入投资收益，即借记“应收股利”或“应收利息”科目，贷记“投资收益”科目；实际收到时作为冲减应收项目处理，即借记“其他货币资金”等科目，贷记“应收股利”或“应收利息”科目。

需要强调的是，企业只有在同时满足三个条件时，才能确认交易性金融资产所取得的股利或利息收入并计入当期损益：一是企业收取股利或利息的权利已经确立（例如被投资单位已宣告）；二是与股利或利息相关的经济利益很可能流入企业；三是股利或利息的金额能够可靠计量。

【例3】承上例，假定2018年5月20日，甲公司收到A上市公司向其发放的现金股利600000元，并存入银行。假定不考虑相关税费。甲公司应编制如下会计分录：

借：其他货币资金—存出投资款　　600000

　贷：应收股利—A上市公司股票　　600000

【例4】承上例，假定2019年3月20日，A上市公司宣告发放2018年现金股利，甲公司按其持有该上市公司股份计算确定的应分得的现金股利为800000元。

假定不考虑相关税费。甲公司应编制如下会计分录：

借：应收股利—A上市公司股票　　800000

　贷：投资收益—A上市公司股票　　800000

在本例中，甲公司取得A上市公司宣告发放的现金股利同时满足了确认股利收入并

计入当期损益的三个条件：一是企业收取股利的权利已经确立；二是与股利相关的经济利益很可能流入企业；三是股利的金额能够可靠计量。因此，借记“应收股利”科目，贷记“投资收益”科目。

【例5】2018年5月1日，乙公司购入B公司发行的公司债券，支付价款26000000元（其中包含已到付息期但尚未领取的债券利息500000元），另支付交易费用300000元，取得的增值税专用发票上注明的增值税税额为18000元。该笔B公司债券面值为25000000元。乙公司将其划分为交易性金融资产进行管理和核算。2018年5月10日，乙公司收到该笔债券利息500000元。假定不考虑其他相关税费和因素。乙公司应编制如下会计分录：

（1）2018年5月1日，购入B公司的公司债券时

借：交易性金融资产—B公司债券—成本　　25500000

　　应收利息—B公司债券　　500000

　　投资收益—B公司债券　　300000

　　应交税费—应交增值税（进项税额）　　18000

　贷：其他货币资金—存出投资款　　26318000

（2）2018年5月10日，收到购买价款中包含的已到付息期但尚未领取的债券利息时

借：其他货币资金—存出投资款　　500000

　贷：应收利息—B公司债券　　500000

在本例中，乙公司取得交易性金融资产所支付的交易费用300000元，应当记入“投资收益”科目，而不记入“交易性金融资产—成本”科目。乙公司取得交易性金融资产所支付价款26000000元中包含的已到付息期但尚未领取的债券利息500000元，应当记入“应收利息”科目。

资产负债表日，交易性金融资产应当按照公允价值计量，公允价值与账面余额之间的差额计入当期损益。

企业应当在资产负债表日按照交易性金融资产公允价值高于其账面余额的差额，借记“交易性金融资产—公允价值变动”科目，贷记“公允价值变动损益”科目；公允价值低于其账面余额的差额做相反的会计分录，借记“公允价值变动损益”科目，贷记“交易性金融资产—公允价值变动”科目。

【例6】承上例，假定2018年6月30日，甲公司持有A上市公司股票的公允价值8600000元；2018年12月31日，甲公司持有A上市公司股票的公允价值为12400000元。不考虑相关税费和其他因素。甲公司应编制如下会计分录：

（1）2018年6月30日，确认A上市公司股票的公允价值变动损益时

借：公允价值变动损益—A上市公司股票　　800000

　贷：交易性金融资产—A上市公司股票—公允价值变动　　800000

（2）2018年12月31日，确认A上市公司股票的公允价值变动损益时

借：交易性金融资产—A上市公司股票—公允价值变动　3800000

贷：公允价值变动损益—A上市公司股票　　　　　　　　　　3800000

在本例中，2018年6月30日作为资产负债表日，甲公司持有A上市公司股票在该日公允价值8600000元，账面余额9400000元（即2018年5月1日的公允价值9400000元），公允价值小于账面余额800000元（8600000-9400000），应记入“公允价值变动损益”科目的借方；2018年12月31日作为资产负债表日，甲公司持有A上市公司股票在该日公允价值12400000元，账面余额8600000元（即2018年6月30日的公允价值8600000元），公允价值大于账面余额3800 000元（12400000-8600000），应记入“公允价值变动损益”科目的贷方。

【例7】承上例，假定2018年6月30日，乙公司购买的B公司债券的公允价值为26700000元；2018年12月31日，乙公司购买的B公司债券的公允价值为25800000元。不考虑相关税费和其他因素。乙公司应编制如下会计分录：

（1）2018年6月30日，确认B公司债券的公允价值变动损益时

借：交易性金融资产— B公司债券—公允价值变动　　　1200000

贷：公允价值变动损益—B公司债券　　　　　　　　　　1200000

（2）2018年12月31日，确认B公司债券的公允价值变动损益时

借：公允价值变动损益—B公司债券　　　　　　　　　900000

贷：交易性金融资产—B公司债券—公允价值变动　　　　900000

在本例中，2018年6月30日，B公司债券的公允价值为26700000元，账面余额为25500000元，公允价值大于账面余额1200000元（26700000-25500000），应记入“公允价值变动损益”科目的贷方；2018年12月31日，B公司债券的公允价值为25800000元，账面余额为26700000元，公允价值小于账面余额900000元（25800000-26700000），应记入“公允价值变动损益”科目的借方。

（四）出售交易性金融资产

企业出售交易性金融资产时，应当将该金融资产出售时的公允价值与其账面余额之间的差额作为投资损益进行会计处理。

企业出售交易性金融资产，应当按照实际收到的金额，借记“其他货币资金”等科目，按照该金融资产的账面余额的成本部分，贷记“交易性金融资产—成本”科目，按照该金融资产的账面余额的公允价值变动部分，贷记或借记“交易性金融资产—公允价值变动”科目，按照其差额，贷记或借记“投资收益”科目。

【例8】承上例，假定2019年5月30日，甲公司出售了所持有的全部A上市公司股票，价款为12100000元。不考虑相关税费和其他因素。甲公司应编制如下会计分录：

借：其他货币资金—存出投资款　　　　　　　　　12100000

　　投资收益—A上市公司股票　　　　　　　　　　300000

贷：交易性金融资产—A上市公司股票—成本　　　　　　9400000

　　　　　　　　　　—公允价值变动　　　　　3000000

在本例中，2019年5月30日甲公司出售持有A上市公司全部股票的价款12100000元与账面余额12400000元（即2018年12月31日的公允价值12400000元）之间的差额-300000元应当作为投资损失，记入“投资收益”科目的借方。

【例9】承上例，假定2019年3月15日，乙公司出售了所持有的全部B公司债券，售价为35500000元。不考虑相关税费和其他因素。乙公司应编制如下会计分录：

借：其他货币资金—存出投资款　　35500000

　贷：交易性金融资产—B公司债券—成本　　25500000

　　　　　　　　　　　　—公允价值变动　　300000

　　　投资收益—B公司债券　　9700000

在本例中，乙公司出售交易性金融资产的售价35500000元与其账面余额25800000元（即2018年12月31日B公司债券的公允价值25800000元）之间的差额9700000元应当作为投资收益，记入“投资收益”科目的贷方。

（五）转让金融商品应交增值税

金融商品转让按照卖出价扣除买入价（不需要扣除已宣告未发放现金股利和已到付息期未领取的利息）后的余额作为销售额计算增值税，即转让金融商品按盈亏相抵后的余额为销售额。若相抵后出现负差，可结转下一纳税期与下期转让金融商品销售额互抵，但年末时仍出现负差的，不得转入下一会计年度。

转让金融资产当月月末，如产生转让收益，则按应纳税额，借记“投资收益”等科目，贷记“应交税费—转让金融商品应交增值税”科目；如产生转让损失，则按可结转下月抵扣税额，借记“应交税费—转让金融商品应交增值税”科目，贷记“投资收益”等科目。

年末，如果“应交税费—转让金融商品应交增值税”科目有借方余额，说明本年度的金融商品转让损失无法弥补，且本年度的金融资产转让损失不可转入下年度继续抵减转让金融资产的收益，因此，应借记“投资收益”等科目，贷记“应交税费—转让金融商品应交增值税”科目，将“应交税费—转让金融商品应交增值税”科目的借方余额转出。

【例10】承上例，计算该项业务转让金融商品应交增值税。

转让金融商品应交增值税=（35500000－26000000）/（1＋6%）×6%＝537735.85（元）。

乙公司应编制如下会计分录：

借：投资收益　　537735.85

　贷：应交税费—转让金融商品应交增值税　　537735.85

第三讲 收入的核算

《企业会计准则第14号——收入》已于2017年7月由财政部修订发布，自2018年1月1日起，在境内外同时上市的企业以及在境外上市并采用国际财务报告准则或企业会计准则编制财务报表的企业施行；自2020年1月1日起，在其他境内上市的企业施行；自2021年1月1日起，在执行企业会计准则的非上市企业施行。考虑到我国大多数企业于2020年以后执行新的收入准则，本章重点以财政部2006年发布的《企业会计准则第14号——收入》为基础介绍收入核算的有关内容。

收入是指企业在日常活动中形成的、会导致所有者权益增加的、与所有者投入资本无关的经济利益总流入。

收入具有以下特点：

（1）收入是企业在日常活动中形成的经济利益的总流入。

日常活动是指企业为完成其经营目标所从事的经常性活动以及与之相关的活动。主要包括销售商品活动、提供劳务活动及让渡资产使用权活动。

非日常活动所形成的、会导致所有者权益增加的、与所有者投入资本无关的经济利益总流入，称为利得。在会计核算中，利得可分为直接计入所有者权益的利得、直接计入当期损益的利得。直接计入所有者权益的利得，通过“资本公积—其他资本公积”账户核算；直接计入当期损益的利得，通过“营业外收入”账户核算。

（2）收入会导致所有者权益的增加。

收入形成的经济利益总流入，既可表现为资产的增加，如增加银行存款、应收账款；也可能表现为负债的减少，如减少预收账款；还可能表现为两者的组合，如销售实现时，部分冲减预收账款，部分增加银行存款。即确认收入的同时，应确认增加的资产或减少的负债，根据“资产－负债=所有者权益”的会计等式，收入一定能增加所有者权益。

（3）收入与所有者投入资本无关。

所有者投入资本主要是为谋求享有企业资产的剩余权益，由此形成的经济利益的总流入不构成收入，而应确认为企业所有者权益的组成部分。

一、销售商品收入的核算

（一）采用支付手续费方式委托代销商品的处理

采用支付手续费代销方式，委托方在发出商品时，通常不应确认销售商品收入，而应在收到受托方开出的代销清单时确认销售商品收入，同时将应支付的代销手续费计入销售费用；受托方应在代销商品后，按合同或协议约定的方法计算确定代销手续费，确认劳务收入。

1.委托方的会计处理

委托方应设置“委托代销商品”账户，核算委托代销商品的成本；收到代销清单后，确认收入时将其转入主营业务成本。

委托方发出商品时，应按发出商品的成本，借记“委托代销商品”科目，贷记“发出商品”科目。收到代销清单时，按合同或协议约定的价值，借记“应收账款”科目，贷记“主营业务收入”科目及“应交税费—应交增值税（销项税额）”科目。按已销商品的成本，借记“主营业务成本”科目，贷记“委托代销商品”科目。按合同或协议约定的手续费，借记“销售费用”科目，贷记“应收账款”科目。

2.受托方的会计处理

受托方应设置“受托代销商品”“受托代销商品款”科目，对受托代销商品进行核算。

受托方收到代销商品时，按合同或协议约定的售价，借记“受托代销商品”科目，贷记“受托代销商品款”科目。对外销售时，受托方不应确认销售商品收入，但按税法的规定，受托代销商品应视同销售，计交增值税。按实际收款额，借记“银行存款”科目，贷记“受托代销商品”科目及“应交税费—应交增值税（销项税额）”科目；同时结转受托代销商品款，借记“受托代销商品款”科目，贷记“应付账款”科目。受托方收到委托方开出的增值税专用发票时，应按可予抵扣的增值税，借记“应交税费—应交增值税（进项税额）”科目，贷记“应付账款”科目。受托方确认代销手续费收入时，应借记“应付账款”科目，贷记“主营业务收入”科目或“其他业务收入”科目及贷记“应交税费—应交增值税”科目。受托方支付货款时，应按扣除手续费收入的余额，借记“应付账款”科目，贷记“银行存款”科目。

【例1】2018年11月，甲公司委托丙公司销售商品200件，商品已经发出，每件成本60元。合同约定丙公司应按每件100元（不含增值税）对外销售，甲公司按售价的10%向丙公司支付手续费。当月丙公司对外实际销售100件，开出的增值税专用发票上注明的销售价款10000元，增值税1600元，款已收到。甲公司收到丙公司开具的代销清单时，向丙公司开具一张相同金额的增值税专用发票，并收到乙公司提供代销服务开具的增值税专用发票，注明的价款为1000元，增值税额60元。

甲公司应做如下相关会计处理：

（1）发出商品时

借：委托代销商品　12000

　贷：库存商品　　　12000

（2）收到代销清单时

借：应收账款　11600

　贷：主营业务收入　10000

应交税费—应交增值税（销项税额） 1600

借：主营业务成本 6000

贷：委托代销商品 6000

借：销售费用 1000

应交税费—应交增值税（进项税额） 60

贷：应收账款 1060

（3）收到货款时

借：银行存款 10540

贷：应收账款 10540

（二）商业折扣、现金折扣和销售折让的处理

1.商业折扣的处理

商业折扣是指企业为促进商品销售而在商品标价上给予的价格扣除。例如，企业为鼓励客户多买商品规定，购买10件以上商品给予10%的折扣，或客户每买10件送1件。商业折扣在销售时即已发生，并不构成最终成交价格的一部分。企业销售商品涉及商业折扣的，应当按照扣除商业折扣后的金额确定销售商品收入金额。

【例2】甲公司为增值税一般纳税企业。2018年10月15日销售产品10000件，每件商品标价20元（不含增值税）。由于是批量销售，甲公司给予购货方10%的商业折扣。该商品增值税率为16%。款尚未收到。该批商品成本为150000元。甲公司会计处理如下：

应确认销售商品收入=10000×20×（1－10%）=180000（元）；

增值税销售税额=180000×16%=28800（元）。

借：应收账款 208800

贷：主营业务收入 180000

应交税费—应交增值税（销项税额） 28800

借：主营业务成本 150000

贷：库存商品 150000

2.现金折扣

现金折扣是指债权人为鼓励债务人在规定的期限内付款而向债务人提供的债务扣除。现金折扣一般用符号“折扣率/付款期限”表示，例如，“2/10，1/20，N/30”表示：销货方允许客户最长的付款期限为30天，如果客户在10天内付款，可享受2%的折扣；如果客户在20天内付款，可享受1%的折扣；如果客户在21天后付款，将不能享受折扣。

现金折扣发生在销售商品之后，企业销售商品后现金折扣是否发生以及发生多少要视买方的付款情况而定，企业在确认销售商品收入时不能确定现金折扣金额。因此，企业销售商品涉及现金的，应当按照不扣除现金折扣的金额确定销售商品收入的金额。现金折扣实际上是企业为了尽快回笼资金而发生的理财费用，应在实际发生时计入当期财务费用。

在计算现金折扣时，应注意销售方是按不包含增值税的价款提供现金折扣，还是按包含增值税的价款提供现金折扣，两种情况下购买方享有的折扣金额不同。例如，销售价格为1000元的商品，增值税销项税额为160元，购买方享有的现金折扣为1%。如果购销双方约定计算现金折扣时不考虑增值税，则购买方应享有的现金折扣金额为10元；如果购销双方约定按含税价计算现金折扣，则购买方享有的现金折扣金额为11.6元。

【例3】甲公司为增值税一般纳税企业。2018年10月6日销售一批产品，价款30000元，增值税4800元。销售合同中规定的现金折扣条件为“2/10，1/20，N/30”。该批产品成本为24000元。若计算现金折扣时考虑增值税。甲公司会计处理如下：

（1）10月6日销售产品时

借：应收账款 34800

　贷：主营业务收入 30000

　　应交税费—应交增值税（销项税额） 4800

借：主营业务成本 24000

　贷：库存商品 24000

（2）若购货方于10月16日之前付款时

购货方享有的现金折扣=34800×2%=696（元）；

实际收回金额=34800－696=34104（元）。

借：银行存款 34104

　财务费用 696

　贷：应收账款 34800

（3）若购货方于10月26日之前付款

购货方享有的现金折扣=34800×1%=348（元）；

实际收回金额=34800－348=34452（元）。

借：银行存款 34452

　财务费用 348

　贷：应收账款 34800

（4）若购货方于10月26日之后付款

借：银行存款 34800

　贷：应收账款 34800

【例4】甲公司为增值税一般纳税企业。2018年9月5日销售A商品10000件，每件商品的标价为20元（不含增值税），每件商品的成本为12元，A商品增值税率为16%。销售合同中规定给予购货方10%的商业折扣，现金折扣条件为“3/0，2/10，1/20，N/40”。计算现金折扣不考虑增值税。购货方于销售当日付款。甲公司会计处理如下：

销售商品收入=10000×20×（1－10%）=180000（元）；

购货方享有的现金折扣=180000×3%=5400（元）；

实际收到金额=180000＋180000×16%－5400=203400（元）。

借：银行存款　　　　　　　　　　　　203400
　　财务费用　　　　　　　　　　　　　5400
　贷：主营业务收入　　　　　　　　　　　　180000
　　　应交税费—应交增值税（销项税额）　　　28800

借：主营业务成本　　　　　　　　　　120000
　贷：库存商品　　　　　　　　　　　　　　120000

3.销售折让

销售折让是指企业因售出商品的质量不合格等原因而在售价上给予的减让。企业将商品销售给买方后，如买方发现商品在质量、规格等方面不符合要求，可能要求卖方在价格上给予一定的减让。

销售折让如发生在确认销售收入之前，则应在确认销售收入时直接按扣除销售折让后的金额确认；已确认销售收入之后，发生销售折让，应在发生时冲减当期销售商品收入，如按规定允许扣减增值税额的，还应冲减已确认的增值税销项税额。

【例5】甲公司为增值税一般纳税企业。2018年9月甲公司销售给乙公司一批商品，价款100000元，增值税16000元。该批商品成本为70000元，款未收到。10月货到后乙公司发现商品质量不合格，甲公司同意给予5%的折让。甲公司已开具了增值税专用发票（红字）。甲公司会计处理如下：

（1）9月销售商品时

借：应收账款　　　　　　　　　　　　116000
　贷：主营业务收入　　　　　　　　　　　　100000
　　　应交税费—应交增值税（销项税额）　　　16000

借：主营业务成本　　　　　　　　　　　70000
　贷：库存商品　　　　　　　　　　　　　　　70000

（2）10月发生销售折让时

冲减销售商品收入=100000×5%=5000（元）；

冲减增值税销项税额=5000×16%=800（元）。

借：主营业务收入　　　　　　　　　　　5000
　　应交税费—应交增值税（销项税额）　　800
　贷：应收账款　　　　　　　　　　　　　　　5800

（3）实际收回款时

借：银行存款　　　　　　　　　　　　110200
　贷：应收账款　　　　　　　　　　　　　　110200

（三）销售退回的处理

销售退回如发生在确认销售收入之前，则不需进行账务处理；如发生在确认销售收入之后，一般应在发生时冲减当期销售商品收入，同时冲减当期销售商品成本，如按规定允许扣减增值税额的，应同时冲减已确认的增值税销项税额。如该项销售已发生现金折扣的，还应同时冲减已确认的财务费用。

【例6】甲公司2018年5月10日销售一批商品给乙公司，价款60000元，增值税9600元，成本为48000元，款未收到。7月乙公司因商品质量问题，将50%的商品退回甲公司。甲公司开具了增值税专用发票（红字），商品已入库。甲公司会计处理如下：

（1）5月销售商品时

借：应收账款　　69600

　贷：主营业务收入　　60000

　　　应交税费—应交增值税（销项税额）　　9600

借：主营业务成本　　48000

　贷：库存商品　　48000

（2）7月销售退回时

借：主营业务收入　　30000

　　应交税费—应交增值税（销项税额）　　4800

　贷：应收账款　　34800

借：库存商品　　24000

　贷：主营业务成本　　24000

【例7】甲公司2018年3月18日销售一批商品给丙公司，价款50000元，增值税8000元。该批商品成本26000元。为及早收回货款，甲公司与丙公司约定的现金折扣条件为：2/10，1/20，N/30。丙公司在2018年3月27日支付货款。2018年7月5日，该批商品因质量问题被丙公司退回，甲公司当日退款，并开具增值税专用发票（红字）。双方约定，计算现金折扣时不考虑增值税。甲公司会计处理如下：

（1）3月18日销售商品时

借：应收账款　　58000

　贷：主营业务收入　　50000

　　　应交税费—应交增值税（销项税额）　　8000

借：主营业务成本　　26000

　贷：库存商品　　26000

（2）3月27日收款时

借：银行存款　　57000

　　财务费用　　1000

　贷：应收账款　　58000

（3）7月5日销售退回时

借：主营业务收入　　50000

应交税费—应交增值税（销项税额） 8000
贷：银行存款 57000
财务费用 1000
借：库存商品 26000
贷：主营业务成本 26000

（四）采用预收款方式销售商品的处理

预收款销售方式下，销售方通常应在发出商品时确认收入，在此之前的预收货款应确认为负债。企业应设置“预收账款”科目，核算预收货款的取得、偿付等情况。但预收款项情况不多的企业，也可不设置“预收账款”科目，将预收款的款项直接记入“应收账款”科目的贷方。

【例8】2018年8月甲公司与丙公司签订协议，采用预收款方式向丙公司销售一批商品，价款800000元，增值税128000元。协议约定，丙公司在协议签订时预付60%的货款（不含增值税），剩余货款于2个月后收到商品后支付。该批商品成本为600000元。甲公司的会计处理如下：

（1）8月收到预收款时
借：预收账款 480000
贷：银行存款 480000

（2）10月发出商品，收到余款时
借：预收账款 480000
银行存款 448000
贷：主营业务收入 800000
应交税费—应交增值税（销项税额） 128000
借：主营业务成本 600000
贷：库存商品 600000

二、提供劳务收入的核算

（一）在同一会计期间内开始并完成的劳务

对于一次就能完成的劳务，或在同一会计期间内开始并完成的劳务，应在提供劳务交易完成时确认收入，确认的金额通常为从接受劳务方已收或应收的合同或协议价款。

企业对外提供劳务，如属于企业的主营业务，所实现的收入应作为主营业务收入处理，结转的相关成本应作为主营业务成本处理；如属于主营业务以外的其他经营活动，所实现的收入应作为其他业务收入处理，结转的相关成本应作为其他业务成本处理。

对于一次就能完成的劳务，企业应在提供劳务完成时确认收入及相关成本。对于持续一段时间但在同一会计期间内开始并完成的劳务，提供劳务发生的支出一般先通过“劳务成本”科目予以归集，待确认费用时，再由“劳务成本”科目转入“主营业务成本”或“其他业务成本”科目。

“劳务成本”科目为成本类科目，余额一般在借方，表示尚未成劳务已发生的支出总额。该科目应按提供劳务的种类设置明细账，进行明细核算。

【例9】甲公司2018年3月10日接受一项设备安装任务，该安装任务可一次完成，开具的增值税专用发票上注明的安装价款为9000元，增值税税额为900元。实际发生安装成本5000元，已通过银行支付。安装款已收，假定安装业务属于甲公司的主营业务。甲公司应在安装任务完成时做如下会计处理：

借：银行存款　　9900

　贷：主营业务收入　　9000

　　　应交税费—应交增值税（销项税额）　　900

借：主营业务成本　　5000

　贷：银行存款　　5000

【例10】甲公司于2018年4月接受一项建筑任务，该建筑任务需3个月完成，开具的增值税专用发票上注明的价款为50000元，增值税税额为5000元。施工过程中发生的支出为：4月发生5000元，5月发生10000元，6月发生10000元，假定均以银行存款支付。6月建筑任务完成时收款。假定建筑业务不属于甲公司的主营业务。甲公司会计处理如下：

（1）4月发生支出时

借：劳务成本　　5000

　贷：银行存款　　5000

（2）5月发生支出时

借：劳务成本　　10000

　贷：银行存款　　10000

（3）6月发生支出时

借：劳务成本　　10000

　贷：银行存款　　10000

（4）6月建筑任务完成时

借：银行存款　　55000

　贷：其他业务收入　　50000

　　　应交税费—应交增值税（进项税额）　　5000

借：其他业务成本　　25000

　贷：劳务成本　　25000

（二）劳务的开始和完成分属于不同的会计期间

1.提供劳务交易结果能够可靠估计

（1）概述

如劳务的开始和完成分属不同的会计期间，且企业在资产负债表日提供劳务交易的结果能够可靠估计的，应采用完工百分比法确认提供劳务收入。同时满足下列条件的，提供劳务交易结果能够可靠估计：

①收入的金额能够可靠地计量，指提供劳务收入的总额能够合理地估计，通常情况下，企业应当按照从接受劳务方已收或应收的合同或协议价款确定提供劳务收入的总额。

②相关的经济利益很可能流入企业，指提供劳务收入总额收回的可能性大于不能收回的可能性。通常情况下，企业提供的劳务符合合同或协议要求，接受劳务方承诺付款，就表明提供劳务收入总额收回的可能性大于不能收回的可能性，即提供劳务的相关经济利益很可能流入企业。

③交易的完工进度能够可靠地确定。企业可以根据提供劳务的特点，选用下列方法确定提供劳务交易的完工进度：

A.已完工作的测量，指由专业测量师对已经提供劳务进行测量，并按一定方法计算确定提供劳务交易的完工程度。

B.已经提供劳务占应提供劳务总量的比例。

劳务完工程度=已完成劳务量/劳务总量×100%。

C.已经发生的成本占估计总成本的比例。

劳务完工程度=已发生成本/估计总成本×100%。

④交易中已发生和将发生的成本能够可靠地计量，指交易中已经发生的成本和将要发生的成本能够合理地估计。

（2）采用完工百分比法确认劳务收入的会计处理

完工百分比法是指按照提供劳务交易的完工进度确认收入与费用的方法。

本期应确认收入=劳务总收入×劳务完工程度－以前期间已确认的收入；

本期应确认成本=劳务总成本×劳务完工程度－以前期间已确认的成本。

企业应设置“劳务成本”科目，归集提供劳务发生的各项支出；资产负债表日将本期应确认的劳务成本，转入“主营业务成本”或“其他业务成本”。

【例11】甲公司于2018年12月1日接受一项设备安装任务，安装期为3个月，合同总收入300000元，至2018年末已预收220000元，实际发生安装费用140000元（假定均为安装人员薪酬），估计完成安装任务还需发生安装费用60000元。假定甲公司按已经发生的成本占估计总成本的比例确定劳务的完工进度，满足提供劳务交易结果能够可靠估计的其他确认条件。安装任务为甲公司的主营业务。（不考虑增值税）甲公司会计处理如下：

发生劳务成本时：

借：劳务成本　　　　　　　　140000

　贷：应付职工薪酬　　　　　　　　140000

预收安装费用时：

借：银行存款　　　　　　　　220000

　贷：预收账款　　　　　　　　　　220000

2018年末确认提供劳务收入时：

完工程度=140000÷（140000＋60000）×100%=70%；

应确认劳务收入=300000×70%－0=210000（元）；

应确认劳务成本=（140000＋60000）×70%－0=140000（元）。

借：预收账款　　　　　　　　210000

　贷：主营业务收入　　　　　　　　210000

借：主营业务成本　　　　　　140000

　贷：劳务成本　　　　　　　　　　140000

【例12】某咨询公司于2016年7月1日与客户签订一项咨询合同。合同规定，咨询期为2年，咨询费为240000元，客户分三次等额支付，第一次在项目开始时支付，第二次在项目中期支付，第三次在项目结束时支付。估计总成本为160000元（假定均为咨询人员的薪酬），其中2016年发生38000元，2017年发生80000元，2018年发生42000元。假定该公司按已提供劳务量占应提供劳务总量的比例确定该项劳务的完工程度，满足提供劳务交易结果能够可靠估计的其他确认条件。（不考虑增值税）该公司会计处理如下：

2016年实际发生劳务成本时：

借：劳务成本　　　　　　　　38000

　贷：应付职工薪酬　　　　　　　　38000

2016年预收款时：

借：银行存款　　　　　　　　80000

　贷：预收账款　　　　　　　　　　80000

2016年末确认提供劳务收入时：

完工程度=6÷24×100%=25%；

应确认收入=240000×25%－0=60000（元）；

应确认成本=160000×25%－0=40000（元）。

借：预收账款　　　　　　　　60000

　贷：主营业务收入　　　　　　　　60000

借：主营业务成本　　　　　　40000

　贷：劳务成本　　　　　　　　　　40000

2017年实际发生成本时：

借：劳务成本　　　　　　　　80000

贷：应付职工薪酬　　　　　　80000

2017年预收款时：

借：银行存款　　　　　　80000

贷：预收账款　　　　　　80000

2017年末确认劳务收入时：

完工程度=18÷24×100%=75%；

应确认收入=240000×75%－60000=120000（元）；

应确认成本=160000×75%－40000=80000（元）。

借：预收账款　　　　　　120000

贷：主营业务收入　　　　　　120000

借：主营业务成本　　　　　　80000

贷：劳务成本　　　　　　80000

2018年实际发生成本时：

借：劳务成本　　　　　　42000

贷：应付职工薪酬　　　　　　42000

2018年7月任务完工时：

应确认收入=240000－60000－120000=60000（元）；

应确认成本=160000－40000－80000=40000（元）。

借：银行存款　　　　　　80000

贷：主营业务收入　　　　　　60000

预收账款　　　　　　20000

借：主营业务成本　　　　　　40000

贷：劳务成本　　　　　　40000

2.提供劳务交易结果不能可靠估计

如劳务的开始和完成分属于不同的会计期间，且企业在资产负债表日提供劳务交易结果不能可靠估计的，不能采用完工百分比法确认提供劳务收入。此时，应当正确预计已经发生的劳务成本能否得到补偿，分别按下列情况处理：

（1）已经发生的劳务成本预计全部能够得到补偿的，应按已收或预计能够收回的金额确认提供劳务收入，并结转已经发生的劳务成本。

（2）已经发生的劳务成本预计部分能够得到补偿的，应按能够得到补偿贸易劳务成本金额确认提供劳务收入，并结转已经发生的劳务成本。

（3）已经发生的劳务成本预计全部不能得到补偿的，应将已经发生的劳务成本计入当期损益（主营业务成本或其他业务成本），不确认提供劳务收入。

【例13】某公司于2017年12月25日接受乙公司委托，为其培训一批学员，培训期为6个月，2018年1月1日开学。协议约定，乙公司支付培训费总额为60000元，分三次等额支付，第一次在开学时预付，第二次在2018年3月1日支付，第三次在培训结束时支付。2018年1月1日乙公司预付第一次培训费。至2018年2月28日该公司发生培训成本30000元（假定均为培训人员薪酬）。2018年3月1日该公司得知乙公司经营发生困难，后两次培训费能否收回难以确定。（不考虑增值税）该公司会计处理如下：

2018年1月1日收到乙公司预付的培训费时：

借：银行存款　　　　20000

　贷：预收账款　　　　　20000

实际发生培训成本时：

借：劳务成本　　　　30000

　贷：应付职工薪酬　　　30000

2018年3月确认劳务收入及成本时：

借：预收账款　　　　20000

　贷：主营业务收入　　　20000

借：主营业务成本　　30000

　贷：劳务成本　　　　　30000

第四讲　前期差错更正

一、前期差错的概念

前期差错是指由于没有运用或错误运用下列两种信息，而对前期财务报表造成省略或错报:

（1）编报前期财务报表时预期能够取得并加以考虑的可靠信息。

（2）前期财务报告批准报出时能够取得的可靠信息。

前期差错通常包括以下方面：

（1）计算错误。例如，企业本期应计提折旧5000万元，但由于计算错误，实际计提4500万元。

（2）应用会计政策错误。例如，按准则规定，固定资产修理费应计入当期管理费用或销售费用，不得预提，也不得摊销；而企业对大修理费用采用预提方式进行核算。

（3）疏忽或曲解事实以及舞弊产生的影响。例如，按准则规定，企业销售商品，商品已经发出，开出增值税专用发票，应确认商品销售收入；但企业在期末未将已实现的销售收入确认入账。

（4）固定资产盘盈等。

二、前期差错的种类

前期差错按其重要性可分为重要的前期差错和不重要的前期差错。

重要的前期差错是指足以影响财务报表使用者对企业财务状况、经营成果和现金流量做出正确判断的前期差错。一般来说，前期差错所影响的财务报表项目的金额大、性质严重的为重要前期差错。

不重要的前期差错是指不足以影响财务报表使用者对企业财务状况、经营成果和现金流量做出正确判断的前期差错。

三、前期差错更正的会计处理

（一）不重要的前期差错的处理

对于不重要的前期差错，企业不需要调整财务报表相关项目的期初数，但应调整发现当期与前期相同的相关项目。属于影响损益的，应直接计入本期与上期相同的净损益项目，属于不影响损益的，应调整本期与前期相同的相关项目。

【例1】某公司2018年末财务清查中发现盘盈一台电脑，经查，该电脑为2016年末购入，原值3600元，应采用年限平均法计提折旧，使用寿命为4年，净残值为0，而该公司在购入时将其作为管理费用处理。该公司确认本差错为不重要前期差错。则该公司2018年末发现该项差错时应做如下会计处理：

借：固定资产　　3600

　贷：累计折旧　　　900

　　　管理费用　　　2700

该公司不需调整2018年初报表项目，也不需调整年初留存收益，调整差错发现年度2018年的报表相关项目。

（二）重要的前期差错的处理

对于重要的前期差错，企业应当在其发现当期的财务报表中，调整前期比较数据。如影响损益，应将其对损益的影响数调整发现当期的期初留存收益，财务报表其他相关项目的期初数也应一并调整；如不影响损益，应调整财务报表相关项目的期初数。

企业应设置“以前年度损益调整”账户，核算以前年度损益的变动。该账户借方反映以前年度利润的调减额；贷方反映以前年度利润的调减额；余额应转入未分配利润，用以调整前期留存收益。

【例2】某公司2018年末发现，2017年公司漏记一项固定资产折旧费用150000元。该公司按净利润的10%提取法定盈余公积，按净利润的5%提取任意盈余公积。假定不考虑所得税影响。该公司确认本差错为前期重要差错。

1.分析差错的影响数

2017年少提折旧150000元；

少计累计折旧150000元；

多计净利润150000元；

多提法定盈余公积150000×10%=15000（元）；

多提任意盈余公积150000×5%=7500（元）；

多计未分配利润150000－15000－7500=127500（元）。

2.编制有关项目的调整分录

（1）补提折旧

借：以前年度损益调整　　150000

　贷：累计折旧　　150000

（2）调整盈余公积和未分配利润

借：盈余公积　　22500

　利润分配—未分配利润　　127500

　贷：以前年度损益调整　　150000

3.财务报表调整和重述

该公司2018年度资产负债表项目的年初数做如下调整：

调减“固定资产”项目150000元，调减盈余公积22500元，调减未分配利润127500元。

该公司2018年度利润表项目的上年数做如下调整：

管理费用调增150000元，营业利润调减150000元，净利润调减150000元。

四、前期差错更正的披露

企业应当在附注中披露与前期重大差错更正的有关下列信息：

（1）前期差错的性质；

（2）财务报表中受影响的项目名称和更正金额；

（3）无法进行追溯重述的，说明该事实和原因。

【例3】承上例，该公司应在2018年会计报表附注中做如下说明：

本年度发现2017年漏记固定资产折旧150000元，在编制2018年报表时，已对该项差错进行了更正。由于此项差错的影响，2017年度虚增净利润及留存收益150000元，少计累计折旧150000元。

第五讲　财务报表

一、财务报表概述

（一）财务报表及其目标

财务报表是对企业财务状况、经营成果和现金流量的表述。

企业编制财务报表的目标，是向财务报表使用者提供与企业财务状况、经营成果和现金流量等有关的会计信息，反映企业管理层受托责任的履行情况，有助于财务报表使用者做出经济决策。财务报表使用者通常包括投资者、债权人、政府及其有关部门和社会公众等。

（二）财务报表的组成

一套完整的财务报表至少应当包括资产负债表、利润表、现金流量表、所有者权益（或股东权益）变动表以及附注。

资产负债表、利润表和现金流量表分别从不同角度反映企业的财务状况、经营成果和现金流量。资产负债表反映企业在某一特定日期所拥有的资产、需偿还的债务以及股东（投资者）拥有的净资产情况；利润表反映企业在一定会计期间的经营成果，即利润或亏损的情况，表明企业运用所拥有的资产的获利能力；现金流量表反映企业在一定会计期间现金和现金等价物流入和流出的情况。

所有者权益变动表反映构成所有者权益的各组成部分当期的增减变动情况。企业的净利润及其分配情况是所有者权益变动的组成部分，相关信息已经在所有者权益变动表及其附注中反映，企业不需要再单独编制利润分配表。

附注是财务报表不可或缺的组成部分，是对在资产负债表、利润表、现金流量表和所有者权益变动表等报表中列示项目的明细资料，以及对未能在这些报表中列示项目的说明等。

二、资产负债表

（一）资产负债表概述

1.资产负债表概念

资产负债表是指反映企业在某一特定日期的财务状况的报表。资产负债表主要反映资产、负债和所有者权益三方面的内容，并满足“资产=负债＋所有者权益”平衡式。

资产应当按照流动资产和非流动资产两大类别在资产负债表中列示，在流动资产和非流动资产类别下进一步按性质分项列示。

流动资产是指预计在一个正常营业周期中变现、出售或耗用，或者主要为交易目的而持有，或者预计在资产负债表日起一年内（含一年）变现的资产，主要包括货币资金、应收票据、应收账款、预付账款、其他应收款、存货等。非流动资产是指流动资产以外的资产，主要包括固定资产、在建工程、工程物资、无形资产等。

负债应当按照流动负债和非流动负债在资产负债表中进行列示，在流动负债和非流动负债类别下再进一步按性质分项列示。

流动负债是指预计在一个正常营业周期中清偿，或者主要为交易目的而持有，或者自资产负债表日起一年内（含一年）到期应予以清偿的负债，主要包括短期借款、应付票据、应付账款、预收账款、应付职工薪酬、应交税费、其他应付款等。非流动负债是指流动负债以外的负债，主要包括长期借款、应付债券和其他非流动负债等。

所有者权益一般按照实收资本、资本公积、盈余公积和未分配利润分项列示。

2.资产负债表的结构

我国企业的资产负债表采用账户式结构（表3-1）。账户式资产负债表分左右两方，左方为资产项目，大体按资产的流动性大小排列，流动性大的资产排在前面，流动性小的资产排在后面。右方为负债及所有者权益项目，一般按要求清偿时间的先后顺序排列。

账户式资产负债表中的资产各项目的合计等于负债和所有者权益各项目的合计，即资产负债表左方和右方平衡，即“资产=负债＋所有者权益”。

表3-1　资产负债表 会企01表

编制单位：　　　　　　　　　　　　　　年　　月　　日　　　　　　单位：元

资　产	期末余额	年初余额	负债和所有者权益	期末余额	年初余额
流动资产：			流动负债：		
货币资金			短期借款		
交易性金融资产			应付票据		
应收票据			应付账款		
应收账款			预收账款		
预付账款			应付职工薪酬		
应收利息			应交税费		
应收股利			应付利息		
其他应收款			应付股利		
存货			其他应付款		
其他流动负债			一年内到期的非流动负债		
流动负债合计			其他流动负债		
非流动负债：			流动负债合计		
固定资产			非流动负债：		
在建工程			长期借款		
工程物资			应付债券		
固定资产清理			其他非流动负债		
无形资产			非流动负债合计		

续表

资　产	期末余额	年初余额	负债和所有者权益	期末余额	年初余额
其他非流动资产			负债合计		
非流动负债合计			所有者权益：		
			实收资本(或股东权益)		
			资本公积		
			盈余公积		
			未分配利润		
			所有者权益合计		
资产总计			负债和所有者权益总计		

（二）资产负债表的编制

资产负债表各项目均需填列"年初余额"和"期末余额"两栏。其中"年初余额"栏内各项数字，应根据上年末资产负债表的"期末余额"栏内所列数字填列。"期末余额"栏主要有以下几种填列方法：

1.根据总账科目余额直接填列

如"交易性金融资产""应收票据""应收利息""应收股利""其他应收款""在建工程""工程物资""固定资产清理""无形资产""短期借款""应付票据""应付职工薪酬""应交税费""应付股利""应付利息""其他应付款""长期借款""应付债券""实收资本""资本公积""盈余公积"等项目。

2.根据几个总账科目余额计算填列

（1）"货币资金"项目，需根据"库存现金""银行存款"和"其他货币资金"三个总账科目的期末余额的合计数填列。

【例1】某企业2018年8月末，"库存现金"科目余额为6万元，"银行存款"科目余额为40万元，"其他货币资金"科目余额为12万元。

该企业2018年8月末资产负债表"货币资金"项目的期末余额=6万＋40万＋12万=58万（元）。

（2）"存货"项目，需根据"在途物资"或"材料采购""原材料""低值易耗品""包装物""委托加工物资""库存商品""材料成本差异"等存货科目的期末余额的合计数填列。

【例2】某企业2018年8月末，"原材料"科目余额为15万元，"低值易耗品"科目余额为8万元，"委托加工物资"科目余额为4万元，"库存商品"科目余额为12万元，"材料采购"科目余额为3万元，"材料成本差异"科目贷方余额为2万元。

则该企业2018年8月末资产负债表中"存货"项目期末余额=15万＋8万＋4万＋12

万+3万－2万=40万（元）。

（3）“未分配利润”项目，该项目1—11月期末余额需根据“利润分配—未分配利润”科目的年初余额和“本年利润”科目的期末余额的合计数填列；该项目12月的期末余额可直接根据“利润分配—未分配利润”科目的年末余额填列。

【例3】某企业2018年8月末，“利润分配—未分配利润”明细科目的贷方余额为200万元，“本年利润”科目贷方余额为150万元。

则该企业2018年8月末资产负债表“未分配利润”项目期末余额=200万＋150万=350万（元）。

【例4】某企业2018年8月末，“利润分配—未分配利润”明细科目的贷方余额为200万元，“本年利润”科目借方余额为150万元。

则该企业2018年8月末资产负债表“未分配利润”项目期末余额=200万－150万=50万（元）。

3.根据明细账科目余额计算填列

（1）“应收账款”项目，应根据“应收账款”科目所属明细科目的借方余额和“预收账款”所属明细科目的借方余额的合计数，减去“坏账准备—应收账款”科目的期末余额填列。

（2）“预收账款”项目，应根据“预收账款”科目所属明细科目的贷方余额和“应收账款”所属明细科目的贷方余额的合计数填列。

【例5】某企业2018年8月末，“应收账款”总账借方余额为20万元，其中“应收账款—A公司”明细科目的借方余额为30万元，“应收账款—B公司”明细科目的贷方余额为10万元。“预收账款”总账科目贷方余额为10万元，其中“预收账款—C公司”明细科目贷方余额为12万元，“预收账款—D公司”明细科目借方余额为2万元。“坏账准备—A公司”明细科目贷方余额为3万元。

该企业2018年8月资产负债表相关项目的期末余额为：

“应收账款”项目金额=30万＋2万－3万=29万（元）；

“预收账款”项目金额=10万＋12万=22万（元）。

（3）“应付账款”项目，应根据“应付账款”科目所属明细科目的贷方余额和“预付账款”科目所属明细科目的贷方余额的合计数填列。

（4）“预付账款”项目，应根据“预付账款”科目所属明细科目的借方余额和“应付账款”科目所属明细科目的借方余额的合计数填列。

【例6】某企业2018年8月末，“应付账款”总账科目贷方余额为40万元，其中“应付账款—A公司”明细科目贷方余额为80万元，“应付账款—B公司”明细科目借方余额为40万元。“预付账款”总账科目借方余额为15万元，其中“预付账款—C公司”明细科目借方余额为22万元，“预付账款—D公司”明细科目借方余额为7万元。

该公司2018年8月资产负债表相关项目的期末余额为：

"应付账款"项目金额=80万＋7万=87万（元）；

"预付账款"项目金额=40万＋22万=62万（元）。

4.根据总账科目和明细科目余额分析计算填列

（1）"一年内到期的非流动负债"项目，应根据"长期借款"明细科目、"应付债券"明细科目分析计算填列。

（2）"长期借款"项目，应根据"长期借款"总账科目余额，减去一年内到期的长期借款余额填列。

（3）"应付债券"项目，应根据"应付债券"总账科目余额，减去一年内到期的应付债券余额填列。

【例7】某企业2018年8月末，"长期借款"总账科目贷方余额为120万元，其中"长期借款—中行贷款"明细科目贷方余额为80万元（2018年1月1日借入，2年期），"长期借款—商业银行贷款"明细科目贷方余额为40万元（2005年1月1日借入，3年期）。该企业无其他非流动负债。

则该企业2018年8月末资产负债表"一年内到期的长期借款"项目期末余额的金额=40万元；"长期借款"项目期末余额的金额=120万－40万=80万（元）。

5.根据有关科目余额减去其备抵科目余额后的净额填列

备抵科目是指用于抵减相关科目金额的账户。如"坏账准备"是"应收账款"的备抵科目；"累计折旧""固定资产减值准备"是"固定资产"的备抵科目；"累计摊销""无形资产减值准备"是"无形资产"的备抵科目。

资产负债表中有备抵科目的相关项目的金额数应根据相关科目的余额减去其相关备抵科目余额后的净额填列。

"固定资产"项目，应根据"固定资产"科目期末余额，减去"累计折旧"科目期末余额，减去"固定资产减值准备"科目期末余额填列。

"无形资产"项目，应根据"无形资产"科目期末余额，减去"累计摊销"科目期末余额，减去"无形资产减值准备"科目期末余额填列。

"在建工程"项目，应根据"在建工程"科目期末余额，减去"在建工程减值准备"科目期末余额填列。

【例8】某企业2018年8月末"固定资产"科目余额为240万元，"累计折旧"科目余额为100万元。固定资产未计提减值准备。

则该企业2018年8月末"固定资产"项目期末余额的金额=240万－100万=140万（元）。

三、利润表

（一）利润表概述

利润表是指反映企业在一定会计期间的经营成果的报表。

通过利润表，可以反映企业在一定会计期间收入、费用、利润（或亏损）的数额、构成情况，帮助财务报表使用者全面了解企业的经营成果，分析企业的获利能力及盈利增长趋势，从而为其做出经济决策提供依据。

我国企业的利润表采用多步式格式，如表3-2所示。

表3-2 利润表 会企02表

编制单位： 年 月 单位：元

项 目	本期金额	上期金额
一、营业收入		
减：营业成本		
税金及附加		
销售费用		
管理费用		
财务费用		
资产减值损失		
信用减值损失		
加：其他收益		
投资收益（损失以"-"号填列）		
其中：对联营企业和合营企业的投资收益		
公允价值变动收益（损失以"-"填列）		
资产处置收益（损失以"-"号填列）		
二、营业利润（亏损以"-"号填列）		
加：营业外收入		
减：营业外支出		
三、利润总额（亏损总额以"-"号填列）		
减：所得税费用		
四、净利润（净亏损以"-"填列）		
五、每股收益		
（一）基本每股收益		
（二）稀释每股收益		

（二）利润表的编制

利润表各项目均需填列“本期金额”和“上期金额”两栏。其中“上期金额”栏内各项数字，应根据上年该期利润表的“本期金额”栏内所列数字填列。“本期金额”栏内各期数字，除“基本每股收益”和“稀释每股收益”项目外，应当按照相关科目的发生额分析填列。如“营业收入”项目，根据“主营业务收入”“其他业务收入”科目的发生额分析计算填列；“营业成本”项目，根据“主营业务成本”“其他业务成本”科目的发生额分析计算填列。其他项目均按照各科目的发生额分析填列。

【例9】某企业2018年12月末，有关科目的发生额如表3-3：

表3-3　某企业2018年12月末有关科目的发生额

单位：万元

科目名称	借方余额	贷方余额
主营业务收入		500
其他业务收入		50
营业外收入		20
主营业务成本	350	
其他业务成本	20	
税金及附加	5	
营业外支出	10	
管理费用	35	
销售费用	9	
财务费用	2	
资产减值损失	1	
所得税费用	38	

该企业2018年12月的利润表如表3-4：（上期金额略）

表3-4 利润表 会企02表

编制单位： 年 月 单位：万元

项 目	本期金额	上期金额
一、营业收入	550	
减：营业成本	370	
税金及附加	5	
销售费用	9	
管理费用	35	
财务费用	2	
资产减值损失	1	
加：公允价值变动收益（损失以"－"填列）		
二、营业利润	128	
加：营业外收入	20	
减：营业外支出	10	
三、利润总额（亏损总额以"－"号填列）	138	
减：所得税费用	38	
四、净利润（净亏损以"－"填列）	100	
五、每股收益		
（一）基本每股收益		
（二）稀释每股收益		

四、现金流量表

（一）现金流量表概念

现金流量表是反映企业在一定会计期间现金和现金等价物流入和流出的报表。

现金是指企业库存现金以及可以随时用于支付的存款，包括库存现金、银行存款和其他货币资金等。不能随时用于支付的存款不属于现金。

现金等价物通常是指从购买日起三个月内到期的债券投资等。

（二）现金流量的分类

现金流量是指现金和现金等价物的流入和流出，可分为三大类，即经营活动产生的现金流量、投资活动产生的现金流量和筹资活动产生的现金流量。

1.经营活动产生的现金流量

经营活动是指企业投资活动和筹资活动以外的所有交易和事项，主要包括销售商品或提供劳务、购买商品或提供劳务、支付职工薪酬、支付各项税费用、支付广告费等。

2.投资活动产生的现金流量

投资活动是指企业长期投资的购建和不包括在现金等价物范围内的投资及其处置活动。主要包括购建和处置固定资产、购买和处置无形资产、取得和收回投资等。

3.筹资活动产生的现金流量

筹资活动是指导致企业资本及债务规模和构成发生变化的活动。主要包括发行股票或接受投入资本、分派现金股利、取得和偿还银行借款、发行和偿还公司债券等。

（三）现金流量表的填列方法

我国企业现金流量表采用报告式结构，格式如表3-5所示。

表3-5　现金流量表

编制单位：　　　　　　　　　　　　　　年　　月　　　　单位：元

项　目	本期金额	上期金额
一、经营活动产生的现金流量		
销售商品、提供劳务收到的现金		
收到的税费返还		
收到其他与经营活动有关的现金		
经营活动现金流入小计		
购买商品、接受劳务支付的现金		
支付给职工以及为职工支付的现金		
支付的各项税费		
支付其他与经营活动有关的现金		
经营活动现金流出小计		
经营活动产生的现金流量净额		
二、投资活动产生的现金流量		
收回投资收到的现金		
取得投资收益收到的现金		
处置固定资产、无形资产和其他长期资产收回的现金净额		
处置子公司及其他营业单位收到的现金净额		
收到的其他与投资活动有关的现金		
投资活动现金流入小计		
购建固定资产、无形资产和其他长期资产支付的现金		
投资支付的现金		
取得子公司及其他营业单位支付的现金净额		
支付其他与投资活动有关的现金		
投资活动现金流出小计		
投资活动产生的现金流量净额		
三、筹资活动产生的现金流量		

续表

项　目	本期金额	上期金额
吸收投资收到的现金		
取得借款收到的现金		
收到其他与筹资活动有关的现金		
筹资活动现金流入小计		
偿还债务支付的现金		
分配股利、利润或偿付利息支付的现金		
支付其他与筹资活动有关的现金		
筹资活动现金流出小计		
筹资活动产生的现金流量净额		
四、汇率变动对现金及现金等价物的影响		
五、现金及现金等价物净增加额		
加:期初现金及现金等价物余额		
六、期末现金及现金等价物余额		

1.经营活动产生的现金流量

(1)“销售商品、提供劳务收到的现金”项目

该项目反映企业销售商品、提供劳务实际收到的现金（包括增值税的销项税额），包括本期销售商品、提供劳务收到的现金，以及前期销售商品、提供劳务本期收到的现金和本期预收的款项。本项目可以根据“主营业务收入”“其他业务收入”“应交税费—应交增值税（销项税额）”“应收账款”“应收票据”“预收款项”等项目分析填列。通常可以采用以下公式计算：

销售商品、提供劳务收到的现金=本期营业收入＋本期增值税销项税额－应收账款增加额（＋应收账款减少额）－应收票据增加额（＋应收票据减少额）＋预收账款增加额（－预收账款减少额）－票据贴现息＋收回的坏账损失。

【例10】甲公司2018年营业收入为200000元，增值税销项税额为34000元。“应收账款”科目年初余额为60000元，年末余额为70000元；“应收票据”科目年初余额为50000元，无年末余额；“预收款项”年初余额为0，年末余额为20000元。本期另发生票据贴息5000元，收回坏账损失3000元。若甲公司“应收账款”科目、“营业收入”均为销售商品、提供劳务款项。则甲公司销售商品、提供劳务收到的现金计算如下：

销售商品、提供劳务收到的现金=营业收入＋增值税销项税额－应收账款增加额＋应收票据减少额＋预收账款增加额－票据贴现息＋收回的坏账损失

=200000＋34000－10000＋50000＋20000－5000＋3000=292000（元）。

(2)“收到的税费返还”项目

该项目反映企业收到返还的各种税费，包括收到返还的增值税、消费税、营业税、

所得税、教育费附加等。

（3）“收到其他与经营活动有关的现金”项目

该项目反映企业除上述各项目以外所收到的其他与经营活动有关的现金，如罚款、流动资产损失中由个人赔偿的现金、经营租赁租金等。

（4）“购买商品、接受劳务支付的现金”项目

该项目反映企业购买商品、接受劳务实际支付的现金（包括增值税进项税额），包括本期购买材料、商品、接受劳务支付的现金，以及本期支付前期购买商品、接受劳务的未付款项以及本期预付款项。本项目可以根据“营业成本”“存货”“应付账款”“应付票据”“预付款项”“应交税费—应交增值税（进项税额）”等项目分析填列。可以采用以下公式计算：

购买商品、接受劳务支付的现金=本期营业成本+本期增值税进项税额+存货增加额（−存货减少额）−应付账款增加额（+应付账款减少额）−应付票据增加额（+应付票据减少额）+预付款项增加额（−预付款项减少额）−营业成本中的人工费及折旧费等。

【例11】甲公司2018年营业成本为150000元，应交税费—应交增值税（进项税额）为51000元。“存货”项目年初数为230000元，年末数为420000元；“应付账款”项目年初数为120000元，年末数为100000元；“应付票据”项目年初数为30000元，年末数为50000元；“预付账款”项目年初数为0，年末数为10000元。“生产成本”“制造费用”中的人工费为90000元，折旧费为50000元。若甲公司营业成本均为销售商品的成本。

则甲公司购买商品、接受劳务支付的现金项目金额=营业成本+增值税进项税额+存货增加额+应付账款减少额−应付票据增加额+预付账款增加额−营业成本中的人工费及折旧费等=150000+51000+190000+20000−20000+10000−90000−50000=261000（元）。

（5）“支付给职工以及为职工支付的现金”项目

该项目反映企业实际支付给职工，以及为职工支付的现金，包括本期实际支付给职工的工资、奖金、各种津贴和补贴等，以及为职工支付的其他费用。本项目不包括支付给离退休人员的各项费用及支付给在建工程人员的工资及其他费用。企业支付给离退休人员的各项费用，在“支付其他与经营活动有关的现金”项目反映；支付给在建工程人员的工资及其他费用，在“购建固定资产、无形资产和其他长期资产支付的现金”项目反映。本项目可以根据“应付职工薪酬”科目的记录分析填列。

【例12】甲公司2018年“应付职工薪酬”借方发生额为210000元，其中包括支付给在建工程人员的薪酬140000元，其余均为支付给公司员工的薪酬。

则甲公司“支付给职工以及为职工支付的现金”项目的金额=210000−140000=70000（元）。

（6）“支付的各项税费”项目

该项目反映企业按规定支付的各种税费，包括企业本期发生并支付的税费，以及本

期支付以前各期发生的税费和本期预交的税费，包括所得税、增值税、营业税、消费税、印花税、房产税、土地增值税、车船使用税、教育费附加、矿产资源补偿费等，但不包括计入固定资产价值、实际支付的耕地占用税，也不包括本期退回的增值税、所得税。本期退回的增值税、所得税在“收到的税费返还”项目反映。本项目可以根据“应交税费”科目的记录分析填列。

【例13】甲公司2018年“应交税费”借方发生额为120000元，其中包括增值税进项税额51000元，其余已交的各项税费。

则甲公司“支付的各项税费”项目的金额=120000－51000=69000（元）。

（7）“支付其他与经营活动有关的现金”项目

该项目反映企业除上述各项目外所支付的其他与经营活动有关的现金，包括经营租赁支付的现金、支付的罚款、差旅费、业务招待费、保险费等。本项目可以根据“管理费用”“销售费用”及“营业外支出”科目的记录分析填列。

2.投资活动产生的现金流量

（1）“收回投资收到的现金”项目

该项目反映企业出售、转让或到期收回投资收到的现金。收回债券的利息、处置子公司及其他营业单位收到的现金净额不包括在本项目内。本项目可根据“可供出售金融资产”“持有至到期投资”“交易性金融资产”及“长期股权投资”科目的记录分析填列。

（2）“取得投资收益收到的现金”项目

该项目反映企业实际收到的债券投资的利息和股票投资的现金股利。

（3）“处置固定资产、无形资产和其他长期资产收回的现金净额”项目

该项目反映企业出售、报废固定资产、无形资产和其他长期资产收到的现金，减去为处置这些资产而支付的有关费用的净额。如所收回的现金净额为负数，则应在“支付其他与投资活动有关的现金”项目反映。本项目可以根据“固定资产清理”“无形资产”科目记录分析填列。

【例14】甲公司2018年“营业外支出”科目发生额为29000元，其中罚款支出2000元；固定资产清理净损失27000元。该固定资产原值200000元，已提折旧170000元，报废清理，清理过程中支付清理费用5000元，残料变价收入收到现金8000元。

则甲公司“处置固定资产、无形资产和其他长期投资收回的现金净额”项目金额=8000－5000=3000（元）。

（4）“处置子公司及其他营业单位收到的现金净额”项目

该项目反映企业处置子公司及其他营业单位所取得的现金，减去相关处置费用的净额。

（5）“收到其他与投资活动有关的现金”项目

该项目反映企业除上述各项目以外，所收到的其他与投资活动有关的现金流入。

（6）“购建固定资产、无形资产和其他长期资产支付的现金”项目

该项目反映企业本期购买、建造固定资产、取得无形资产和其他长期资产实际支付的现金，以及用现金支付的应由在建工程和无形资产负担的职工薪酬。本项目应根据“固定资产”“在建工程”“无形资产”“工程物资”等科目记录分析填列。

【例15】甲公司“固定资产”科目借方发生额中以支付现金购入的设备金额为120000元；“在建工程”科目借方发生额中包括支付的职工薪酬140000元；“工程物资”科目借方发生额38000元，为已付款购入的工程物资；“无形资产”科目本期无借方发生额。

则甲公司“购建固定资产、无形资产和其他长期资产支付的现金”项目=120000＋140000＋38000=298000（元）。

（7）“投资支付的现金”项目

该项目反映企业购入股票、债券及股权投资所支付的现金，以及支付的佣金、手续费等交易费用，但取得子公司及其他营业单位支付的现金净额除外。本项目可根据“可供出售金融资产”“持有至到期投资”“交易性金融资产”及“长期股权投资”科目的记录分析填列。

（8）“取得子公司及其他营业单位支付的现金净额”项目

该项目反映企业购买子公司及其他营业单位购买出价中以现金支付的部分，减去子公司及其他营业单位持有的现金后的净额。

（9）“支付其他与投资活动有关的现金”项目

该项目反映企业除上述各项以外所支付的其他与投资活动有关的现金流出，如企业购买股票时实际支付的价款中包含的已宣告而尚未领取的现金股利，购买债券时支付的价款中包含的已到期尚未领取的债券利息等。

3.筹资活动产生的现金流量

（1）“吸收投资收到的现金”项目

该项目反映企业以发行股票、债券等方式筹集资金实际收到的款项，减去直接支付的佣金、手续费、宣传费、咨询费、印刷费等发行费用后的净额。本项目可根据“实收资本（或股本）”“应付债券”科目的记录分析填列。

（2）“取得借款收到的现金”项目

该项目反映企业举借各种短期、长期借款实际收到的现金。本项目可以根据“短期借款”“长期借款”科目的记录分析填列。

（3）“收到其他与筹资活动有关的现金”项目

该项目反映除上述各项目以外所收到的其他与筹资活动有关的现金流入，如接受现金捐赠等。

（4）“偿还债务支付的现金”项目

该项目反映企业偿还债务本金所支付的现金，包括偿还短期借款、长期借款的本金、偿还债券本金。企业支付的借款利息和债券利息在“分配股利、利润或偿付利息支付的现金”项目反映，不包括在本项目内。本项目可以根据“短期借款”“长期借款”及“应付债券”科目的记录分析填列。

（5）“分配股利、利润或偿付利息支付的现金”项目

该项目反映企业实际支付的现金股利、支付给其他投资单位的利润或用现金支付的借款利息、债券利息等。本项目可根据“应付股利”“应付利息”“财务费用”等科目的记录分析填列。

（6）“支付其他与筹资活动有关的现金”项目

该项目反映企业除上述各项目外所支付的其他与筹资活动有关的现金流出，如捐赠现金支出、融资租入固定资产支付的租赁费等。

五、所有者权益变动表

（一）所有者权益变动表的内容及结构

所有者权益变动表是指反映构成所有者权益各组成部分当期增减变动情况的报表。所有者权益变动表的格式如表3-6所示：

表3-6 所有者权益变动表

编制单位： 年度 单位：元

项目	本年金额					上年金额				
	实收资本（股本）	资本公积	盈余公积	未分配利润	所有者权益合计	实收资本（股本）	资本公积	盈余公积	未分配利润	所有者权益合计
一、上年年末余额										
加：会计政策变更										
前期差错更正										
二、本年年初余额										
三、本年增减变动金额										
（一）净利润										
（二）直接计入所有者权益的利得和损失										
1.可供出售金融资产公允价值变动										
2.权益法下被投资单位其他所有者权益变动的影响										
3.与计入所有者权益项目相关的所得税影响										

续表

项目	本年金额					上年金额				
	实收资本（股本）	资本公积	盈余公积	未分配利润	所有者权益合计	实收资本（股本）	资本公积	盈余公积	未分配利润	所有者权益合计
4.其他										
(三)所有者权益投入和减少资本										
1.所有者投入资本										
2.股份支付计入所有者权益的金额										
3.其他										
(四)利润分配										
1.提取盈余公积										
2.对所有者(股东)的分配										
3.其他										
(五)所有者权益内部结转										
1.资本公积转增资本(股本)										
2.盈余公积转增资本(股本)										
3.盈余公积弥补亏损										
4. 其他										
四、本年年末余额										

（二）所有者权益变动表的填列方法

1.“上年年末余额”项目，反映企业上年资产负债表中实收资本（或股本）、资本公积、盈余公积、未分配利润的年末余额。

2.“会计政策变更”“前期差错更正”项目，分别反映企业会计政策变更的影响金额和会计差错更正的影响金额。

3.“本年增减变动额”项目

(1)“净利润”项目，反映企业当年实现的净利润金额。

(2)“直接计入所有者权益的利得和损失”项目，反映企业当年直接计入所有者权益的利得和损失金额。

①“可供出售金融资产公允价值变动净额”项目，反映企业持有的可供出售金融资

产当年公允价值变动的金额。

②“权益法下被投资单位其他所有者权益变动的影响”项目，反映企业对按照权益法核算的长期股权投资，在被投资单位除当年实现的净损益以外其他所有者权益当年变动中应享有的份额。

③“与计入所有者权益项目相关的所得税影响”项目，反映企业根据规定应计入所有者权益项目的当年所得税影响金额。

（3）“所有者权益投入和减少资本”项目，反映企业当年所有者投入资本和减少的资本。

①“所有者投入资本”项目，反映企业当年所有者投入形成的实收资本（或股本）和资本溢价或股本溢价。

②“股份支付计入所有者权益的金额”项目，反映企业股份支付当年计入资本公积的金额。

（4）“利润分配”项目，反映企业当年利润分配金额。

①“提取盈余公积”项目，反映企业按照规定提取的盈余公积。

②“对所有者（或股东）的分配”项目，反映对所有者（或股东）分配的利润（或股利）金额。

（5）“所有者权益内容结转”项目，反映企业构成所有者权益的组成部分之间的增减变动的情况。

①“资本公积转增资本（或股本）”项目，反映企业以资本公积转增资本或股本的金额。

②“盈余公积转增资本（或股本）”项目，反映企业以盈余公积转增资本或股本的金额。

③“盈余公积弥补亏损”项目，反映企业以盈余公积弥补亏损的金额。

第六讲　政府会计基础

一、政府会计概述

（一）政府会计改革背景及目标

政府会计是会计体系的重要分支，它是运用会计专门方法对政府及其组成主体（包括政府所属的行政事业单位等）的财务状况、运行情况（含运行成本，下同）、现金流量、预算执行等情况进行全面核算、监督和报告。长期以来，我国政府领域实施的主要是以收付实现制为基础的预算会计，主要涵盖财政总预算会计、行政单位会计与事业单位会计，包括《财政总预算会计制度》《行政单位会计制度》《事业单位会计准则》《事业单位会计制度》，以及医院、基层医疗卫生机构、高等学校、中小学校、科学事业单位、彩票机构等行业事业单位会计制度和《国有建设单位会计制度》等有关专项会计制度等。

2013年11月，党的十八届三中全会通过的《中共中央关于全面深化改革若干重大问题的决定》做出了“建立权责发生制的政府综合财务报告制度”的重要战略部署，2014年8月，新修正的《预算法》要求“各级政府财政部门应当按年度编制以权责发生制为基础的政府综合财务报告，报告政府整体财务状况、运行情况和财政中长期可持续性，报本级人民代表大会常务委员会备案”。2014年12月，国务院批转了财政部《权责发生制政府综合财务报告制度改革案》（国发〔2014〕63号，以下称《改革方案》），正式确立了我国权责发生制政府综合财务报告制度改革的指导思想、总体目标、基本原则、主要任务、具体内容、配套措施、实施步骤和组织保障。《改革方案》提出，要加快推进政府会计改革，逐步建立以权责发生制政府会计核算为基础，以编制和报告政府资产负债表、收入费用表等报表为核心的权责发生制政府综合财务报告制度，提升政府财务管理水平，促进政府会计信息公开，推进国家治理体系和治理能力现代化。

权责发生制政府综合财务报告制度改革是基于政府会计规则的重大改革，总体目标是通过构建统一、科学、规范的政府会计准则体系，建立健全政府财务报告编制办法，适度分离政府财务会计与预算会计、政府财务报告与决算报告功能，全面、清晰地反映政府财务信息和预算执行信息，为开展政府信用评级、加强资产负债管理、改进政府绩效监督考核、防范财政风险等提供支持，促进政府财务管理水平提高和财政可持续发展。

（二）政府会计标准体系

我国的政府会计标准体系由政府会计基本准则、具体准则及应用指南和政府会计制度等组成。

1.政府会计基本准则

政府会计基本准则用于规范政府会计目标、政府会计主体、政府会计信息质量要求、政府会计核算基础，以及政府会计要素定义、确认和计量原则、列报要求等原则事项。

2.政府会计具体准则及应用指南

政府会计具体准则依据基本准则制定，用于规范政府会计主体发生的经济业务或事项的会计处理原则，详细规定经济业务或事项引起的会计要素变动的确认、计量和报告。

3.政府会计制度

政府会计制度依据基本准则制定，主要规定政府会计科目及账务处理、报表体系及编制说明等。按照政府会计主体不同，政府会计制度主要由政府财政会计制度和政府单位会计制度组成。

（三）政府会计核算模式

政府会计核算应当实现预算会计与财务会计适度分离并相互衔接，全面、清晰反映政府财务信息和预算执行信息，为开展政府信用评级、加强资产负债管理、改进政府绩效监督考核、防范财政风险等提供支持，促进政府财务管理水平提高和财政可持续发展。

1.预算会计与财务会计适度分离

（1）“双功能”

政府会计由预算会计和财务会计构成。预算会计通过预算收入、预算支出与预算结余三个要素，对政府会计主体预算执行过程中发生的全部预算收入和全部预算支出进行会计核算，主要反映和监督预算收支执行情况。财务会计通过资产、负债、净资产、收入和费用五个要素，对政府会计主体发生的各项经济业务或者事项进行会计核算，主要反映和监督政府会计主体财务状况、运行情况和现金流量等。

（2）“双基础”

预算会计实行收付实现制，国务院另有规定的，从其规定；财务会计实行权责发生制。这使得政府会计核算既能反映预算收支等流量信息，又能反映资产、负债等存量信息。

所谓收付实现制，是指以现金的实际收付为标志来确定本期收入和支出的会计核算基础。凡在当期实际收到的现金收入和支出，均应作为当期的收入和支出；凡是不属于当期的现金收入和支出，均不应当作为当期的收入和支出。

所谓权责发生制，是指以取得收取款项的权利或支付款项的义务为标志来确定本期收入和费用的会计核算基础。凡是当期已经实现的收入和已经发生的或应当负担的费用，不论款项是否收付，都应当作为当期的收入和费用；凡是不属于当期的收入和费用，即使款项已在当期收付，也不应当作为当期的收入和费用。

（3）“双报告”

政府会计主体应当编制决算报告和财务报告。政府决算报告的编制主要以收付实现制为基础，以预算会计核算生成的数据为准。政府财务报告的编制主要以权责发生制为基础，以财务会计核算生成的数据为准。

2.预算会计与财务会计适度相互衔接

执行《政府会计制度》的行政事业单位，对于纳入部门预算管理的现金收支业务，在采用财务会计核算的同时应当进行预算会计核算；对于其他业务，仅需进行财务会计核算。

（四）政府会计信息质量要求

政府会计信息质量要求包括可靠性、全面性、相关性、及时性、可比性、可理解性和实质重于形式。

1.可靠性

政府会计主体应当以实际发生的经济业务或者事项为依据进行会计核算，如实反映各项会计要素的情况和结果，保证会计信息真实可靠。

2.全面性

政府会计主体应当将发生的各项经济业务或者事项统一纳入会计核算，确保会计信息能够全面反映政府会计主体预算执行情况和财务状况、运行情况、现金流量等。

3.相关性

政府会计主体提供的会计信息，应当与反映政府会计主体公共受托责任履行情况以及报告使用者决策或者监督、管理的需要相关，有助于报告使用者对政府会计主体过去、现在或者未来的情况做出评价或者预测。

4.及时性

政府会计主体对已经发生的经济业务或者事项，应当及时进行会计核算，不得提前或者延后。

5.可比性

政府会计主体提供的会计信息应当具有可比性。同一政府会计主体不同时期发生的相同或者相似的经济业务或者事项，应当采用一致的会计政策，不得随意变更。不同政府会计主体发生的相同或者相似的经济业务或者事项，应当采用一致的会计政策，确保政府会计信息口径一致，相互可比。

6.可理解性

政府会计主体提供的会计信息应当清晰明了，便于报告使用者理解和使用。

7.实质重于形式

政府会计主体应当按照经济业务或者事项的经济实质进行会计核算，不限于以经济业务或者事项的法律形式为依据。政府会计主体发生的经济业务或事项在多数情况下其经济实质和法律形式是一致的，但在有些情况下也会出现不一致。例如，单位通过融资租赁取得一项设备，尽管从法律上讲，该项设备的所有权不属于本单位，但从经济实质上讲，已经将与该设备所有权有关的全部或绝大部分风险和报酬转移给本单位，因此应当将该设备确认为本单位的资产。

（五）政府会计要素及其确认和计量

政府会计要素包括财务会计要素和预算会计要素。预算会计要素包括预算收入、预算支出与预算结余，财务会计要素包括资产、负债、净资产、收入和费用。

1.政府预算会计要素

（1）预算收入

预算收入是指政府会计主体在预算年度内依法取得的并纳入预算管理的现金流入。预算收入一般在实际收到时予以确认，以实际收到的金额计量。

（2）预算支出

预算支出是指政府会计主体在预算年度内依法发生并纳入预算管理的现金流出。预算支出一般在实际支付时予以确认，以实际支付的金额计量。

（3）预算结余

预算结余是指政府会计主体预算年度内预算收入扣除预算支出后的资金余额，以及历年滚存的资金余额。

预算结余包括结余资金和结转资金。结余资金是指年度预算执行终了，预算收入实际完成数扣除预算支出和结转资金后剩余的资金。结转资金是指预算安排项目的支出年终尚未执行完毕或者因故未执行，且下年需要按原用途继续使用的资金。

2.政府财务会计要素

（1）资产

①资产的定义

资产是指政府会计主体过去的经济业务或者事项形成的，由政府会计主体控制的，预期能够产生服务潜力或者带来经济利益流入的经济资源。服务潜力是指政府会计主体利用资产提供公共产品和服务以履行政府职能的潜在能力。经济利益流入表现为现金及现金等价物的流入，或者现金及现金等价物流出的减少。

②资产类别

政府会计主体的资产按照流动性，分为流动资产和非流动资产。

流动资产是指预计在1年内（含1年）耗用或者可以变现的资产，包括货币资金、短期投资、应收及预付款项、存货等。

非流动资产是指流动资产以外的资产，包括固定资产、在建工程、无形资产、长期投资、公共基础设施、政府储备资产、文物文化资产、保障性住房和自然资源资产等。

③资产的确认条件

符合政府资产定义的经济资源，在同时满足以下条件时，确认为资产：一是与该经济资源相关的服务潜力很可能实现或者经济利益很可能流入政府会计主体；二是该经济资源的成本或者价值能够可靠地计量。

④资产的计量属性

政府资产的计量属性主要包括历史成本、重置成本、现值、公允价值和名义金额。

在历史成本计量下，资产按照取得时支付的现金金额或者支付对价的公允价值计量。在重置成本计量下，资产按照现在购买相同或者相似资产所需支付的现金金额计量。在现值计量下，资产按照预计从其持续使用和最终处置中所产生的未来净现金流入量的折现金额计量。在公允价值计量下，资产按照市场参与者在计量日发生的有序交易中，出售资产所能收到的价格计量。无法采用历史成本、重置成本、现值和公允价值计量属性的，采用名义金额（即人民币1元）计量。

政府会计主体在对资产进行计量时，一般应当采用历史成本。采用重置成本、现值、公允价值计量的，应当保证所确定的资产金额能够持续、可靠地计量。

（2）负债

①负债的定义

负债是指政府会计主体过去的经济业务或者事项形成的，预期会导致经济资源流出政府会计主体的现时义务。现时义务是指政府会计主体在现行条件下已承担的义务。未来发生的经济业务或者事项形成的义务不属于现时义务，不应当确认为负债。

②负债的分类

政府会计主体的负债按照流动性，分为流动负债和非流动负债。

流动负债是指预计在1年内（含1年）偿还的负债，包括短期借款、应付及预收款项、应付职工薪酬、应交款项等。

非流动负债是指流动负债以外的负债，包括长期借款、长期应付款、应付政府债券和政府依法担保形成的债务等。

③负债的确认条件

符合政府负债定义的义务，在同时满足以下条件时，确认为负债：一是履行该义务很可能导致含有服务潜力或者经济利益的经济资源流出政府会计主体；二是该义务的金额能够可靠地计量。

④负债的计量属性

政府负债的计量属性主要包括历史成本、现值和公允价值。

在历史成本计量下，负债按照因承担现时义务而实际收到的款项或者资产的金额，或者承担现时义务的合同金额，或者按照为偿还负债预期需要支付的现金计量。在现值计量下，负债按照预计期限内需要偿还的未来净现金流出量的折现金额计量。在公允价值计量下，负债按照市场参与者在计量日发生的有序交易中，转移负债所需支付的价格计量。

政府会计主体在对负债进行计量时，一般应当采用历史成本。采用现值、公允价值计量的，应当保证所确定的负债金额能够持续、可靠地计量。

（3）净资产

净资产是指政府会计主体资产扣除负债后的净额，其金额取决于资产和负债的计量。

（4）收入

①收入的定义

收入是指报告期内导致政府会计主体净资产增加的、含有服务潜力或者经济利益的经济资源的流入。

②收入的确认条件

收入的确认应当同时满足以下条件：一是与收入相关的含有服务潜力或者经济利益的经济资源很可能流入政府会计主体；二是含有服务潜力或者经济利益的经济资源流入会导致政府会计主体资产增加或者负债减少；三是流入金额能够可靠地计量。

（5）费用

①费用的定义

费用是指报告期内导致政府会计主体净资产减少的、含有服务潜力或者经济利益的经济资源的流出。

②费用的确认条件

费用的确认应当同时满足以下条件：一是与费用相关的含有服务潜力或者经济利益

的经济资源很可能流出政府会计主体；二是含有服务潜力或者经济利益的经济资源流出会导致政府会计主体资产减少或者负债增加；三是流出金额能够可靠地计量。

二、政府单位会计核算

行政事业单位（以下简称单位）是政府会计主体的重要组成部分。单位财务会计的原理和方法与企业会计基本一致，但与企业会计不同的是，单位会计核算应当具备财务会计与预算会计双重功能，实现财务会计与预算会计适度分离并相互衔接，全面、清晰反映单位财务信息和预算执行信息。

本节主要以《政府会计制度》为基础，介绍单位会计核算的有关内容，与企业会计基本一致的内容不再重述。同时，为简化起见，本节内容在账务处理介绍中除特别说明外，一般不涉及增值税的会计处理。

（一）单位会计核算概述

单位财务会计通过资产、负债、净资产、收入、费用五个要素，全面反映单位财务状况、运行情况和现金流量情况。反映单位财务状况的等式为“资产-负债=净资产”，反映运行情况的等式为“收入-费用=本期盈余”，本期盈余经分配后最终转入净资产。财务会计实行权责发生制。

单位预算会计通过预算收入、预算支出和预算结余三个要素，全面反映单位预算收支执行情况。预算会计恒等式为“预算收入-预算支出=预算结余”。单位预算会计采用收付实现制，国务院另有规定的从其规定。为了保证单位预算会计要素单独循环，在日常核算时，单位应当设置“资金结存”科目，核算纳入部门预算管理的资金的流入、流出、调整和滚存等情况。根据资金支付方式及资金形态，“资金结存”科目应设置“零余额账户用款额度”“货币资金”“财政应返还额度”三个明细科目。年末预算收支结转后“资金结存”科目借方余额与预算结转结余科目贷方余额相等。

单位对于纳入部门预算管理的现金收支业务，在采用财务会计核算的同时应当进行预算会计核算；对于其他业务，仅需进行财务会计核算。这里的现金，是指单位的库存现金以及其他可以随时用于支付的款项，包括库存现金、银行存款、其他货币资金、零余额账户用款额度、财政应返还额度，以及通过财政直接支付方式支付的款项。对于单位受托代理的现金以及应上交财政的现金所涉及的收支业务，仅需要进行财务会计处理，不需要进行预算会计处理。

（二）资产业务

1.零余额账户用款额度

单位设置“零余额账户用款额度”科目，核算实行国库集中支付的单位在财政授权支付方式下，根据财政部门批复的资金使用计划收到的零余额账户用款额度。年度终了，单位应当依据代理银行提供的对账单做注销额度的相关账务处理，所以“零余额账户用款额度”科目年末应无余额。

在财政授权支付方式下，单位收到代理银行盖章的“财政授权支付到账通知书”时，根据到账通知书所列数额，借记“零余额账户用款额度”科目，贷记“财政拨款收入”科目；同时，在预算会计中借记“资金结存—零余额账户用款额度”科目，贷记“财政拨款预算收入”科目。按规定支用额度时，借记“业务活动费用”“单位管理费用”“库存物品”等科目，贷记“零余额账户用款额度”科目；同时，在预算会计中借记“行政支出”“事业支出”等科目，贷记“资金结存—零余额账户用款额度”科目。

【例1】2019年2月8日，某事业单位收到同级财政部门批复的分月用款计划及代理银行盖章的“财政授权支付到账通知书”，金额为150000元。财会部门根据有关凭证，应编制如下会计分录：

借：零余额账户用款额度　　150000

　贷：财政拨款收入　　150000

同时，

借：资金结存—零余额账户用款额度　　150000

　贷：财政拨款预算收入　　150000

【例2】2019年3月4日，某事业单位以财政授权支付的方式支付印刷费10000元。财会部门根据有关凭证，应编制如下会计分录：

借：业务活动费用　　10000

　贷：零余额账户用款额度　　10000

同时，

借：事业支出　　10000

　贷：资金结存—零余额账户用款额度　　10000

2.财政应返还额度

财政应返还额度是指实行国库集中支付的单位，年度终了应收财政下年度返还的资金额度，即反映结转下年使用的用款额度，包括可以使用的以前年度财政直接支付资金额度和财政应返还的财政授权支付资金额度。

为核算和监督财政应返还额度，实行国库集中支付的单位应当设置“财政应返还额度”科目，并设置“财政直接支付”和“财政授权支付”两个明细科目，进行明细核算。

在财政直接支付方式下，年度终了，单位根据本年度财政直接支付预算指标数与当年财政直接支付实际支出数的差额，借记“财政应返还额度—财政直接支付”科目，贷记“财政拨款收入”科目；同时，在预算会计中借记“资金结存—财政应返还额度”科目，贷记“财政拨款预算收入”科目。下年度恢复财政直接支付额度后，单位以财政直接支付方式发生实际支出时，借记“库存物品”“业务活动费用”“单位管理费用”等科目，贷记“财政应返还额度—财政直接支付”科目；同时，在预算会计中借记“行政支出”“事业支出”等科目，贷记“资金结存—财政应返还额度”科目。

在财政授权支付方式下，年度终了，单位依据代理银行提供的对账单做注销额度的相关账务处理，借记“财政应返还额度—财政授权支付”科目，贷记“零余额账户用款额度”科目，同时，在预算会计中借记“资金结存—财政应返还额度”科目，贷记“资金结存—零余额账户用款额度”科目；下年初恢复额度时，借记“零余额账户用款额度”科目，贷记“财政应返还额度—财政授权支付”科目，同时，在预算会计中借记“资金结存—零余额账户用款额度”科目，贷记“资金结存—财政应返还额度”科目。

另外，在财政授权支付方式下，年度终了，单位本年度财政授权支付预算指标数大于零余额账户用款额度下达数的，根据未下达的用款额度，借记“财政应返还额度—财政授权支付”科目，贷记“财政拨款收入”科目，同时，在预算会计中借记“资金结存—财政应返还额度”科目，贷记“财政拨款预算收入”科目；下年度单位收到财政部门批复的上年末未下达零余额账户用款额度时，借记“零余额账户用款额度”科目，贷记“财政应返还额度—财政授权支付”科目，同时，在预算会计中借记“资金结存—零余额账户用款额度”科目，贷记“资金结存— 财政应返还额度”科目。

【例3】2019年12月31日，某事业单位财政直接支付指标数与当年财政直接支付实际支出数之间的差额为100000元。2020年初，财政部门恢复了该单位的财政直接支付额度。2020年1月15日，该单位以财政直接支付方式购买一批办公用品（属于上年预算指标数），支付给供应商50000元价款。该事业单位应编制如下会计分录：

（1）2019年底补记指标：

借：财政应返还额度—财政直接支付　　100000
　贷：财政拨款收入　　100000

同时，

借：资金结存— 财政应返还额度　　100000
　贷：财政拨款预算收入　　100000

（2）2020年初使用上年预算指标购买办公用品：

借：库存物品　　50000
　贷：财政应返还额度—财政直接支付　　50000

同时，

借：事业支出　　50000
　贷：资金结存—财政应返还额度　　50000